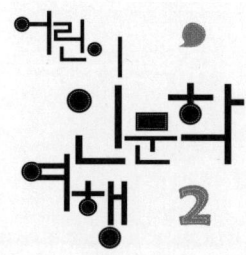

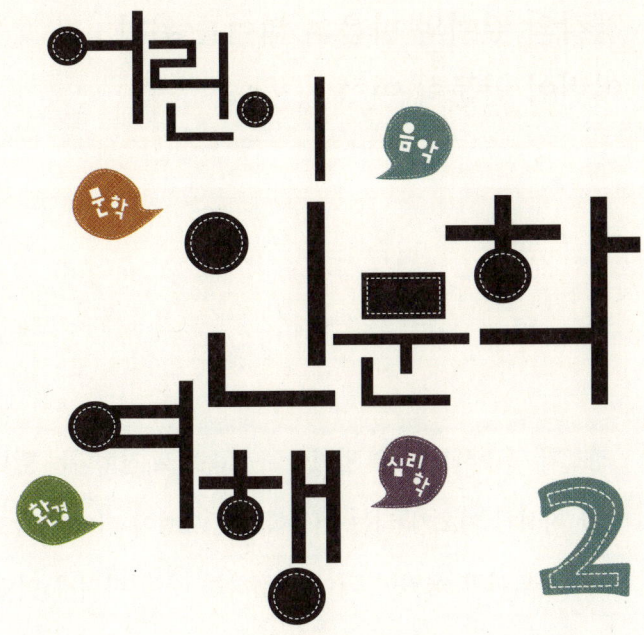

노경실 지음

생각하는책상

추천사

생각의 깊이와 마음의 넓이를 위한
어린이 인문학 여행

　정보가 폭주하고 기술 발전이 초고속으로 진행되는 현대 사회에서 인간 지성의 기초가 되는 인문학의 중요성이 더더욱 강조되는 추세다. 인문학이란 성인이 되어서 접하는 것이 아니라 어렸을 때부터 기초 교양으로 익혀 나가는 것이 중요하며 바람직하다. 이런 점에서 노경실 작가의 『어린이 인문학 여행』의 출간을 크게 반기며 적극 추천하는 바이다.

　어린이, 청소년 작가인 노경실 씨는 중진 아동 문학가이며 우리 문단에서 큰 비중을 차지하는 작가이다. 풍부한 경험과 지식을 지닌 작가의 손으로 어린이가 꼭 알아야 할 인문학의 기초를 마치 여행하듯 재미있게 풀어 어린이의 생각의 깊이와 마음의 넓이에 맞추어 쓴 것이 이 책의 특징이다. 그렇기 때문에 이 책을 읽고 나면 어린이들은 자기도 모르는 사이에 인문학의 각 분야를 폭넓게 품에 안을 수 있을 것이다. 부모와도 함께 읽기에 적합하니 온 가족의 기초 교양서로서도 부족함이 없다. 외국의 어린이들은 부모와 함께 여행도 다니며 도서관, 박물관을 찾고 대화와 토론을 통하여 인문학을 접하고 있지만, 우리나라 어린이들은 영재 학원, 피아노 학원 등 학원으로 등 떠밀려 다니고 초등학교 때부터 사실상 입시 교육 전장에 발을 딛게 되므로 기초 교양이 되는 인문학을 접하기란 결코 쉽지 않다.

이 책은 이러한 현실 속에서 우리 어린이들에게 지혜와 바른 품성의 기본이 되는 인문학을 어린이 눈높이에서 재미있게 풀어 전달해 준다는 큰 장점과 매력을 지녔기에 적극 추천하는 바이다.

이원복 덕성여자대학교 석좌교수
『먼나라 이웃나라』 저자

자유를 꿈꾸는 어린이들을 위한
지혜의 책 속으로

최근 우리 사회는 인문학의 위기라는 말이 무색할 정도로 인문학 바람이 크게 불고 있다. 그 바람을 타고 어린이를 대상으로 한 재미있는 인문학 강좌 책이 나왔다.『어린이 인문학 여행』이다.

심리학 이야기를 통해 사람의 내면 이야기를 들려주나 싶더니 어느새 내 자신의 자아로 돌아온다. 마음을 연구하는 학문인 심리학에서 시작한 여행은 듣는 것에 대한 '앎'과 '느낌'을 말하는 음악으로 이어진다. 고대, 중세 시대의 음악을 현대인들은 어떻게 시대정신에 맞추어 표현하고 있는지를 기독교 음악과 르네상스 음악의 역사적 진행 과정을 통해 설명한다.

세 번째 여행지는 문학이다. 저자는 호메로스의 대서사시부터 성경, 계몽 문학, 포스트모더니즘 문학, 어린이 문학 등을 말하며, 인류의 보고寶庫인 문학에 겸허히 고개를 숙인다. 마지막으로 환경의 세계로 여행을 떠난다. 온 세상을 잇는 고리인 환경에 대해 설명하고, 환경 보호와 환경 운동에 대해 절실하게 이야기한다.

인간은 자유를 꿈꾸는 존재이다. 르네상스는 종교의 세계에 갇혀 버린 인간의 자유로운 본성을 이끌어 내었다. 이제 현대 인문학의 부흥은 무엇에 지쳐 버린 인간들의 바람에서 터져 나오는 것인지 어린이부터 성인에 이르기까지 책을 읽으면서 찬찬히 생각해 볼 일이다.

한윤옥 경기대학교 문헌정보학과 교수
수원시 인문학 자문위원

언어의 마술사가 풀어내는
사람다운 어린이 인문학

인문학은 사람다운 세상을 꿈꾸는 학문입니다. 인문학은 인문 정신 곧 사람다움의 뜻을 담은 학문입니다. 그래서 사람답기 위해 주고받는 언어, 상상의 나래를 통해 서로 다른 세상을 품을 수 있는 문학, 왜 그래야 하는지를 따지는 철학, 더 나은 세상을 위해 우리가 걸어온 발자취를 따지는 역사가 인문학의 뼈대를 이루지요. 또한 인문학에는 다양함을 담는 넉넉함이 살아 있습니다. 과학도 사람다운 삶을 위한 문제를 다룬 것이라면 인문학의 품 안으로 들어올 수 있습니다. 그래서 인문학은 언어, 문학, 역사, 철학뿐만 아니라 예술, 과학 등이 함께 녹아드는 학문이기도 합니다.

노경실 작가가 인문학을 풀어냈다는 소식을 듣고 무릎을 탁 쳤습니다. 아이들을 위해 인문학을 쉽게 풀어내기란 여간 어려운 일이 아닌데 노경실 작가라면 능히 그 일을 해내고도 남기 때문입니다.

노경실 작가는 사람 냄새가 풋풋하게 묻어나는 작품을 많이 써 온 언어의 마술사입니다. 이번에는 인문학의 마술사로 문학부터 심리학까지 아이들의 삶으로 아이들이 꿈꾸는 세상으로 풀어냈습니다.

이 책 머리말에서 우리 인문학의 뿌리를 훈민정음으로 본 것도 멋진 생각이라 매우 반갑고 느꺼운 생각이 들었습니다. 한글, 곧 훈민정음은 사람다운 사람이 되기 위해 우리의 생각을 가장 쉽고 정확하게 풀어낼 수 있는 문자이기 때문입니다. 그런 멋진 한글의 참뜻을 잘 알고 잘 부려 쓰는 작가가 풀어내는 인문학, 우리 어린이들뿐만 아니라 온 가족이, 우리 사회가 함께 나눠야 할 인문학일 겁니다.

김슬옹 세종한말글연구소 대표
한글학회 연구위원

작가의 말

인문학 여행을 시작합니다! 출발!

Salvete!

위의 말은 라틴 어로, 만날 때 하는 인사말입니다.

왜 그런지 『어린이 인문학 여행』을 시작한다고 생각하니 라틴 어로 인사를 하고 싶어요. 그런데 'Salvete'를 어떻게 발음해야 하냐고요? 라틴 어를 읽는 것은 그렇게 어렵지 않아요. 철자를 그냥 영어 단어 읽듯이 발음하면 되지요. 그러면 'Salvete'는 '살바테'로 발음하면 되겠지요? 살바테에는 '안녕!'이란 뜻이 담겨 있어요.

어린이 친구들은 "그런데 인문학과 라틴 어는 무슨 관계가 있죠?"라고 질문하겠지요. 학자들은 인문학의 출발점을 그리스 로마 시대라고 말하거든요. 그래서 이왕이면 친구들에게 라틴 어로 인사하면 좀 더 인문학 캠프가 반짝반짝 빛날 것 같아서 라틴 어로 인사를 한 것이지요. 인문학 여행을 위해 초등학생 친구들과 함께 여러 학문과 예술 분야를 즐겁게 공부할 겁니다.

이렇게 학교 공부도 하고, 책도 열심히 읽는 이유가 무엇일까요? 어린이들에게는 무엇보다 '자신의 미래를 위해서'이겠지요. 이것은 뛰어난 성적, 튼튼한 몸, 화목한 집안처럼 중요하답니다. 어른들은 이 모든 것을 한마디로 '삶' 또는 '인생의 가치관'이라고도 합니다. 가치관이 제대로 서 있지 않으면 늘 다른 사람에게 휘둘리거나 상황에 따라 이리저리 떠밀리며 힘들게 살죠.

그러면 어떻게 해야 올바른 삶의 목적, 건강한 가치관을 가지고 나의 미래를 펼쳐 나갈 수 있을까요? 또, 나 자신뿐만 아니라 친구들과 이웃과 지구촌 사람들과 어울려 평화롭게 살 수 있을까요? 많은 방법 중 하나가 '인문학'이라는 '인생의 지혜 열쇠'를 갖는 것입니다.

그런데, 인문학 여행을 시작하기 전에 중요한 걸 알려 줘야겠네요. 친구들! 인문학 여행도 일종의 교육이며, 공부이지요. 학교나 학원에서 공부하는 것처럼요. 그런데 교육education에는 '끄집어내다, 들어내다'라는 의미가 있어요. 즉, 좋은 공부는 선생님이 학생들이 생각, 판단, 질문 등을 많이 할 수 있게 도와주는 거랍니다. 우리의 '인문학 여행'에서는 어린이의 자유롭고 풍부한 생각과 깊고 넓은 판단력, 엉뚱하면서도 창의적인 의문들이 많이 나오길 기대할게요.

그럼 이제, 인문학에 대한 가장 기초적인 답을 사전에서 찾아보아요. 국어사전에는 인문학人文學은 '언어, 문학, 역사, 철학 따위를 연구하는 학문.' 또는 '근대 과학에 대해 그 목적과 가치를 인간적 입장에서 규정하는, 인간과 인류 문화에 관한 모든 정신과학을 통칭하여 일컫는다.'라고 되어 있습니다. 그리고 우리나라 인문학의 전통은 훈민정음의 창제, 조선조 성리학의 도덕론, 실학의 올바른 학문 정신 등에서 찾을 수 있지요.

세계 역사 속에서 오늘날 인문학이라고 하는 개념은 고대 그리스 기원전 5세기 중반의 '파이데이아'paideia; 교육, 학습이라는 뜻으로 젊은이들을 훌륭한 시민으로 키우기 위해 체조, 문법, 수사학, 음악, 소학, 지리학, 자연 철학, 철학 등을 가르친 프로그램와 라틴 어 '후마니타스'humanitas, 인간성에서 시작되었지요.

인문학이란 말은 기원전 55년, 고대 로마의 문인이며, 철학자이자, 변론가이고, 정치가였던 키케로Cicero가 쓴 『웅변가에 관하여』

라는 책에서 처음 등장합니다.

  처음에는 인문학이 웅변가를 키우기 위한 교육 프로그램을 뜻하는 말이었어요. 그런데 르네상스 시대부터 '교양을 위한 학문', '인간의 정신을 고귀하고 완전하게 하는 학문'으로 변화되었지요.

  자, 이 정도면 인문학에 대한 아주 기초적인 이해는 되었지요? 그런데 21세기, 과학 제일주의로 보이는 요즈음 왜 인간에 대한 공부인 '인문학'에 대해 관심이 뜨거운 걸까요? 이제부터는 좀 더 신나는 여행이 기다립니다!

Valete! 헤어질 때 하는 인사

> 2014년, 눈부신 여름 햇빛 아래
> 일산 흰돌마을의 작은 방에서, 노경실

차례

추천사 4
작가의 말 10

1. 마음을 연구하는 학문, 심리학

심리학, 큐피트와 프시케의 사랑에서 나왔다? 18
뱀처럼 소리 없이 숨어 있는 '무의식' 넌 누구냐? 23
최면 요법으로 히스테리를 치료했다고? 28
최면 요법으로 알아낸 무의식의 세계 32
억눌린 생각이 꿈으로 나타나는 이유는? 37
자아는 너무 약해도 문제, 너무 강해도 문제 42
어두운 나의 인격, 그림자에 꽁꽁 숨어 있다? 47
마음을 굳게 잡지 않으면? 같은 자리만 '빙글빙글' 52

2. 소리가 들리는 인문학, 음악

이 세상의 모든 이는 음악가이자 노래하는 사람 60
모든 말을 노래로 표현하면 어떻게 될까? 64
음악 이론을 세운 사람이 수학자 피타고라스? 69
보에티우스 "음악, 수학·철학만큼 중요해!" 74
손으로 까닥까닥 움직이는 것도 음악일까? 80
귀뚜라미 소리도 음악일까? 84
음악은 식물도 춤추게 한다! 89
광고에서 듣던 음악이 300년 전에 만들어졌다고? 94
악기만 알아도 클래식이 보인다? 99
평화의 시대에는 음악도 미소 지어요 105

3. 글로써 세상을 변화시킨다, 문학

글, 한 번에 술술 써지지 않는 이유는?	112
호메로스의 대서사시가 여전히 사랑받는 이유는?	116
영웅의 슬픔, 시로 읊어 볼까?	121
신이 아닌 인간에 대한 이야기	126
시민이 주인공으로	130
인간은 누구나 평등하고 자유롭다!	135
문학도 유행처럼 변한다	140
진리는 하나가 아니야	145
어린이를 위한 마음의 선물	150

4. 온 세상을 잇는 거대한 고리, 환경

환경, 인간·자연·우주를 잇는 거대한 고리	158
지구의 불치병 '지구 온난화'	162
자동차 매연에 열나는 지구	167
열나고 기침하는 지구, 치료법은?	172
병든 지구 지키기 대작전	177

교과연계표	183

마음을 연구하는 학문, 심리학

심리학, 큐피트와 프시케의 사랑에서 나왔다?

요즈음 어른, 아이 할 것 없이 모두 좋아하는 것 중 하나가 '심리 테스트'이지요. '내 성격은 어떤 유형일까?', '내가 왕따를 당할 확률은 몇 퍼센트?', '나와 잘 어울리는 이성 친구는 어떤 스타일?', '나는 어느 정도로 부자가 될 수 있을까?', '내 장래 직업은 무엇일까?' 심지어는 '전생에 나는 어떤 사람이었을까?' 등 수많은 심리 테스트에 마음과 시간을 빼앗기고 있습니다. 마치 점을 보는 것처럼 말이지요. 그런데 유치하게 보이는 이런 행동도 심리학의 범위 안에 들어갈까요? 결론부터 말하면 맞습니다. 왜냐하면 끝없이 자기 자신에 대해 불안해하고, 미래와 여러 가지 문제에 대한 궁

이탈리아 화가 산드로
보티첼리가 그린
베누스의 탄생

금증으로 마음이 졸여서 하는 행위이니까요. 어떻게 보면 심리학이란 것은 아주 심오한 학문이면서도, 이렇게 사소한 사람들의 마음의 움직임을 살펴보는 연구이기도 하지요.

심리학, 마음에 대해 연구하는 학문

그럼 '심리'에 대한 사전적 뜻을 살펴보아요. 심리心理는 마음 심心, 다스릴 리理가 합쳐진 단어로 국어사전에는 마음이 움직이는 상태, 마음의 작용과 의식의 상태로 풀이하고 있습니다. 영어로는 psychology 심리, 심리학인데 이 단어는 그리스 어의 프시케psyche · 마음와 로고스logos · 학문, 말씀를

큐피드와 푸시케

큐피드
큐피트는 그리스 신화에서는 에로스로 등장하는 사랑의 신이다.

조합한 것이지요. 그러므로 심리학은 '마음학' 또는 '마음에 대해 연구하는 학문'이라고 할 수 있겠지요. 그런데 '프시케'는 많이 들어 본 이름이지요? 로마 신화에서 큐피드와 사랑을 나눈 공주의 이름입니다. 영어로는 '사이키'로 발음하는 이 낱말은 '영혼' 또는 '나비'를 뜻하지요. 어느 왕국의 세 공주 가운데 막내인 프시케는 너무 예뻐서 미의 여신 베누스의 질투를 받습니다. 그래서 베누스는 자기 아들인 사랑의 신 큐피드에게 프시케를 이 세상에서 가장 혐오스러운 사람의 품에 안기게 하라고 시킵니다. 그런데 베누스의 음모와는 달리 큐피드는 프시케를 보고 사랑에 빠집니다. 그 다음부터 벌어지는 흥미진진한 이야기는 여러분도 잘 알지요? 영혼의 고통을 이겨 내고, 사랑의 기쁨을 얻는다는 이 신화에서 심리, 마음, 정신, 영혼 등 여러 가지 뜻들이 나오게 되었습니다.

알쏭달쏭 사람의 마음처럼 복잡해요

심리학은 마치 사람의 복잡한 마음처럼 그 종류가 무궁무진합니다. 그것을 여기에 다 적으려면 끝이 없을 정도이니, 아주 간단하게 소개하지요. 개인심리학, 경제심리학, 교육심리학, 능력심리학, 발달심리학, 비교심리학, 사고심리학, 사회심리학, 산업심리학, 색채심리학, 아동심리학 등 머리가 아플 정도지요.

이럴 수밖에 없는 이유는 마음은 과학처럼 눈에 보이는 현상을 연구하는 게 아니라서 그렇습니다. 인류가 지구에 존재한 이래 자기 마음을 눈으로 보거나, 손으로 만져 본 사람은 아무도 없지요. 그러므로 심리학에는 "이것만이 진리이다!"라며 단 하나의 주장을 내세울 수 없습니다. 마음에 대한 정의도 100명이면 100명, 1000명이면 1000명 모두 다르니까요. 그만큼 심리학은 영원히 다양하게 다루어질 학문이며, 과학보다 더 풍부하게 연구할 수 있는 분야이지요.

데카르트의 초상

1. 마음을 연구하는 학문, 심리학

철학 속에서 탄생한 심리학

그럼 인간은 언제부터 마음에 대해 학문적으로 연구하기 시작했을까요? 심리학의 역사에 대해 알아봅시다. 고대 그리스의 철학자인 플라톤은 "육체에서 독립하여 이데아의 세계에 존재하는 영혼이 있다."라고 했고, 아리스토텔레스는 '육체를 소재로 하는 형상으로서의 영혼', '육체를 육체로 보고 활동시키는 원리로서의 영혼'에 대해 말하였지요. 이 밖에도 많은 철학자와 중세의 기독교 학자들은 사람의 영혼, 정신, 마음에 대해 깊은 공부를 했습니다. 그러나 심리학을 일반 사람들도 공부할 수 있고, 모두가 쉽게 책으로 만날 수 있도록 연구한 일은 한참 뒤의 일이지요. 여러분, 프랑스의 철학자이자 수학자이며 과학자인 데카르트의 "나는 생각한다, 고로 존재한다."라는 말을 알지요? 라틴 어로는 "cogito ergo sum."이에요. 이 정도는 외워 두면 좋아요. 다음 시간에 데카르트를 만나면 심리학 여행은 더 재미있어질 거예요.

그리스 아테나이 시내에 있는 아카데미아의 플라톤상

뱀처럼 소리 없이 숨어 있는 '무의식' 넌 누구냐?

지난 여행 시간에 철학자 데카르트의 "나는 생각한다, 고로 존재한다."라는 말을 들었지요? 그런데 여기서 '생각한다'라는 말은 정확하게 말하면 '의심한다'입니다. 데카르트가 말한 의심은 무조건 사람을 못 믿는 그런 불쾌한 의심이 아니에요. 예를 들어 '인간은 모든 것을 가지면 행복할까?', '어린이들의 마음은 정말 순수할까?', '인간의 영혼은 육체 없이도 존재할 수 있을까?' 하는 식의 인간 존재에 대한 아주 근원적인 질문을 의미하지요.

이러한 질문이 많을수록, 그리고 그에 대해 여러 각도에서 깊이 생각할수록 심리학도 발전할 수 있는 거랍니다.

자, 오늘은 심리학에 대해 조금 더 자세히 알아보는 여행을 떠나요.

심리학을 이끈 분트와 프로이트

심리학의 아버지
빌헬름 분트의 비석

음악의 아버지는 바흐라고 합니다. 그럼 심리학의 아버지는 누구일까요? 독일의 심리학자이자 철학자인 빌헬름 분트입니다. 분트는 '실험 심리학'이란 학문을 세웠고, 대학에 심리학 실험실을 만들어서 심리학 강좌를 열었습니다. 심리학이 대학의 한 과목이 된 것은 그 당시에 아주 놀라운 일이며, 심리학을 발전시키는 데 큰 공을 세운 업적이지요.

분트는 '심리학은 직접 경험해서 얻어지는 학문'이라고 정의했습니다. 그래서 무의식보다는 과학적으로 연구하는 학문이라고 했지요. 그러므로 조사 결과에서 나온 해석을 중요하게 여겼어요. 가령, 그 나라의 신화, 언어, 정교 정치와 종교, 풍습, 예술 등을 통해 인간의 마음을 연구하는 거지요. 그런데 빌헬름 분트를 단번에 주저앉게 만든 심리학자가 혜성처럼 나타났어요. 체코에서 태어났지만 오스트리아 국적을 가진 정신과 의사 지그문트 프로이트입니다. 유대 인인 프로이트는 제2차 세계대전 때 나치의 박해를 피해 영국으로 망명했지요. 전 세계 사람이 거의 다 아는 유명한 심리학자인 프로이트는 정신 분석의 창시자입니다.

프로이트는 사람의 마음의 병, 상태는 의식의 밑바닥에 있는 무엇인가 특별한 힘이나 원인 때문에 생기며, 그것이 어떠한가에 따라 마음 상태도 달라진다고 주장했습니다. 이런 생각에서 정신 분석이라는 이론도 탄생했지요. 더 쉽게 말하면 프로이트는 '무의식'이란 단어, '무의식'이란 보이지 않는 존재, '무의식'이라는 인간의 한 부분을 새로 만들어 내기도 하고, 찾아내기도 한 학자이지요.

책상에서 연구하는 프로이트

무의식은 심리학에서 가장 중요한 말입니다. 물론 프로이트 이전에도 무의식이란 말과 무의식에 대한 연구는 있었습니다. 그런데 '무의식은 사라지는 게 아니라 의식 밑에 숨어 있다가 어떤 상황이 되면 의식 밖으로 나와서 인간의 마음과 생각, 행동에 영향을 준다.'라는 설을 바탕으로 프로이트가 자기만의 특별한 '무의식론'을 주장하게 된 거지요.

프로이트는 심적(마음 상태) 현상을 의식과 무의식으로 나누었습니다. 그리고 무의식을 '전의식과 본래의 무의식'으로 다시 나누었지요. 프로이트에 의하면 무의식의 심적인 내용은 억압된 생각과 본능으로 이루어진다고 합니다. 예를 들어 볼까요. 어떤 아주머니가 조금만 화가 나면 자기 자식들에게 마구 소리치고, 물건을 내던지고, 체벌을 한다고 가정해 보아요. 그래서 심리학자나 정신과 의사가 그 아주머니를 상담하지요. 이런 경우에 절대 빠지지 않는 과정이 있습니다. 바로 어린 시절의 기억이지요. "당신은 어릴 때 어떤 가정 환경에서 자랐나요?", "당신의 부모님의 성격은 어떠한지요?", "당신은 어릴 때 친구들이 많았나요?" 등 어릴 때 기억에 대해 집중적으로 질문을 합니다. 어린 시절에 폭력적인 환경에서 어둡고 슬프게 자란 사람은 어른이 되면 자기도 모르게 그러한 성격으로 되어 버리는 것이지요. 그러나 행복하거나 가정 형편이 안정되고, 가족들이 사이가 좋을 때에는 이러한 폭력적인 성격이 절대 드러나지 않습니다. 프로이트 말에 의하면 의식 아래에 뱀처럼 소리 없이 깊이 숨어 있는 것이지요. 하지만 상황이 달라지면 무의식이 의식을 깨뜨리고 튀어나와 그 사람의 언행말과 행동을 좌지우지하는 거랍니다. 마치 자기가 그 사람의 주인이 된 것처럼!

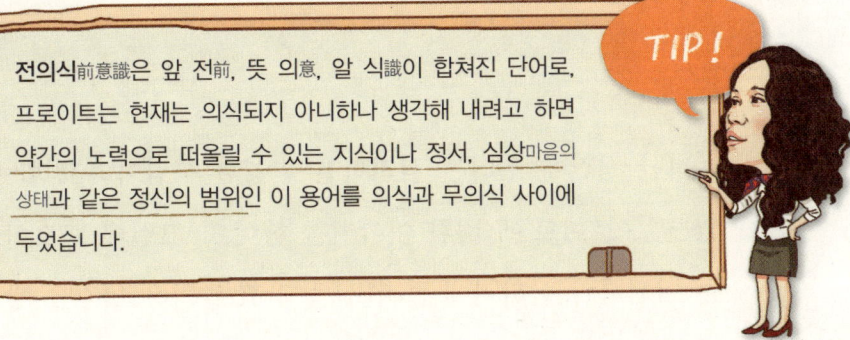

TIP!

전의식前意識은 앞 전前, 뜻 의意, 알 식識이 합쳐진 단어로, 프로이트는 현재는 의식되지 아니하나 생각해 내려고 하면 약간의 노력으로 떠올릴 수 있는 지식이나 정서, 심상마음의 상태과 같은 정신의 범위인 이 용어를 의식과 무의식 사이에 두었습니다.

최면 요법으로 히스테리를 치료했다고?

　지난 시간에 우리는 심리학을 완성한 사람이라고 할 수 있는 '프로이트'에 대한 이야기를 했어요. 그런데 프로이트는 어쩌다가 심리학에 큰 관심을 갖고 놀라운 업적을 쌓게 되었을까요? 이 세상에 일어나는 모든 일에는 대부분 그럴 만한 이유가 있어요. 그리고 사람들의 성격이나 인생의 모습도 살펴보면 그렇게 될 수 밖에 없는 이유가 있답니다. 이런 의미에서 프로이트의 과거를 함께 살펴보아요.

'안나 오'를 치료한 브로이어와 프로이트

"프로이트, 잠깐 이야기 좀 하세." 어느 날, 프로이트가 존경하는 요셉 브로이어 유대 인으로 오스트리아 정신과 학자이자 의사가 찾아왔습니다. 브로이어와 프로이트는 나이 차이가 별로 나지 않는데도, 프로이트는 그를 아버지처럼 따랐습니다. 브로이어는 환자들에게 최면 치료 요법을 사용하는 의사였지요.

"내 환자 중에 '안나 오'라는 여자가 있네." 의사는 환자의 모든 정보에 대해 비밀을 지켜 줘야 하므로 실명 대신 '안나 오'라고 말한 거랍니다. 브로이어가 들려준 이야기는 놀라웠습니다.

요셉 브로이어의 이론에 대한 책과 그의 비석

"그녀는 아주 부유한 유대 인 집안의 딸로 훌륭한 가정교육을 받고 잘 자랐지. 그런데 어느 날부터 아무런 이유도 없이 환각과 불안 장애에 시달리더니 반신마비 증상이 오고 기억 상실 증세까지 나타난 거야. 그런데다가 난데없이 물 공포증이 생겨서 며칠간 단 한 모금의 물도 마시지 못했지. 더 이상한 것은 안나 오는 유대 인이지만 독일 태생으로 독일에서 자랐는데도 갑자기 독일어를 전혀 알아듣거나 말하지 못하고 영어, 프랑스 어, 이탈리아 어로만 의사소통을 하게 된 거지. 주위 사람들은 안나 오가 귀신이 들렸다고 말할

1. 마음을 연구하는 학문, 심리학 29

정도라네."

브로이어의 말에 프로이트는 눈을 반짝이며 물었어요. "박사님은 안나 오를 어떻게 치료하셨나요?" "그래서 내가 자네를 찾아온 거라네. 우리 함께 하세." 브로이어의 제안에 프로이트는 기뻐했지요. 원래 학자들은 새로운 연구를 하는 것을 즐거워하거든요. 물론 잠도 못 자고, 놀러도 못 가면서 밤낮으로 연구해야 하지만 그렇게 열심히 해야 새로운 학문의 길을 찾을 수 있으니까요. 이 세상에 거저 얻는 것은 아무 것도 없습니다. 무슨 일이라도 시간과 노력을 들여야 하지요.

사람의 언행에는 다 이유가 있다!

이날 이후, 브로이어와 프로이트는 함께 안나 오를 치료하며 '히스테리'에 대해 연구하기 시작했습니다. 브로이어는 안나 오에게 최면 요법을 사용했지요. 안나 오는 최면 상태에 들어가면 자신의 몸과 마음에 왜 이상한 증상이 생기게 되었는지 술술 말했습니다. 그리고 신기하게도 그러고 나면 상태가 나아졌지요.

프로이트는 한 번도 안나 오를 만나지 않았지만 연구실

최면 요법
안나 오는 최면 요법을 '대화 치유'라고 불렀고, 또한 마치 꽉 막힌 굴뚝이 청소되는 것과 같다면서 '굴뚝 청소'라고 하기도 했다.

에서 이런 과정을 기록하고 히스테리에 대해서 연구했지요. 마침내 안나 오는 완전히 병이 나았습니다. 그래서 두 사람은 『히스테리 연구』라는 공동 저서에 히스테리 완치 사례로 안나 오에 대해 발표했지요. 이 연구 발표는 전 세계적으로 큰 관심을 받았습니다. 프로이트는 '안나 오'야말로 사실상 정신 분석을 창시한 사람이라고 말했을 정도이지요. 그런데 안나 오는 최면 상태에서 무엇을 말했을까요? 놀랍게도 안나 오, 본인조차도 기억하지 못하고 있었던 지난날의 기억, 느낌들이었습니다. 예를 들면 오래 전에 사이가 좋지 않은 여자 친구 집에 갔는데, 끔찍하게 생긴 친구네 개가 물을 마시고 있었답니다. 뭐라고 말하려다가 끝까지 참고 있다가 친구네 집에서 나왔는데 바로 이 불쾌한 감정이 무의식으로 마음 속 깊이 숨어 있다가 폭발한 거지요. 안나 오조차도 까맣게 잊고 있었던 일인데 말입니다.

   이런 연구를 통해 세상의 모든 일, 사람의 모든 언행에는 그럴 만한 이유가 있고, 그것은 대부분 지난날의 경험이 바탕이 된다는 걸 알게 된 것입니다.

최면 요법으로 알아낸 무의식의 세계

우리는 다시 안나 오에 대해 이야기를 나누어야 합니다. 그래야 프로이트와 심리학에 대해 좀 더 다가갈 수 있거든요.

이제 안나 오는 마음의 평화를 찾았고, 브로이어와 프로이트는 새로운 연구 내용을 발표해 유명해졌지요. 그런데 엉뚱한 데서 일이 벌어졌습니다. 브로이어와 프로이트가 공동으로 펴낸 책에 '안나 오'의 본명을 밝히지 않았는데도, 사람들이 그녀의 진짜 이름과 가정에 대해 다 알게 된 것이지요. 마치 요즈음 인터넷의 '신상 털기'같은 경우라고나 할까요. 두 학자가 연구 결과에 대해 자세히 쓰다 보니 안나 오의 가정 분위기, 아버지에 대한 이야기 등이 모두 드러

날 수밖에 없었지요. 그래서 인터넷도 없던 시대였지만 안나 오가 부유한 유대 인 가정의 딸인 '베르다 파펜하임'이라는 게 밝혀진 겁니다. 파펜하임은 창피함을 넘어서 두 학자에 대해 배신감을 느끼고, 정신 분석에 대해 부정적인 시각을 갖게 되었어요. 그 후 그녀는 오스트리아를 떠나 독일에 정착하여 여성 운동을 하였고, 독일 여성 운동의 선구자가 되었습니다. 물론 다시는 브로이어 박사를 만나지 않았답니다.

베르다 파펜하임

무의식, 우리의 몸과 마음을 움직여요

원하지 않은 일이 벌어져서 브로이어와 프로이트는 진심으로 미안해 했지만, 정신 분석에 대한 연구는 결코 멈추지 않았습니다. 두 학자는 한 마음으로 연구를 했지요. 브로이어 박사는 찾아오는 환자들에게 안나 오에게 했던 것처럼 최면 요법을 계속 사용했습니다.

두 학자는 최면 요법 치료를 통해 인간의 마음 안에 의식과 무의식이 함께 존재하고 있음을 알았습니다. 의식이 손바

닥만 한 크기라면 무의식은 집채만 한 경우도 있지요. 그런데도 우리는 전혀 모르고 살아가는 겁니다. 그런데 어느 날, 무의식이 의식을 뚫고 밖으로 드러나면서 우리의 마음은 물론 몸까지 자기 마음대로 움직이게 한다면 어떻게 될까요? 옛날 사람들은 이럴 때에 "악마에게 지배를 당했다.", "귀신이 들렸다.", "정신이 나갔다."라며 손가락질을 했어요. 심지어는 마귀의 노예가 됐다면서 죽이기도 했지요.

이런 의미에서 브로이어와 프로이트는 훌륭한 학자이지요. 진정한 학자는 인류의 평화와 안정을 위해 연구하는 사람들입니다.

사람들은 최면 상태에 빠지면 비슷한 증상을 드러냈습니다. 무의식 상태에서 자신 스스로도 몰랐던 어린 시절의 억눌린 감정, 경험, 상처, 기억, 느낌 등을 전부 말하고, 마음의 안정을 찾았지요. 프로이트는 마음속에 깊이 묻혀진 사건과 현실 세계에서의 이상스러운 언행 말과 행동이 특별한 관계가 있음을 알게 된 거지요.

최면 요법의 한계에 부딪친 프로이트

이제 인류는 정신의 병과는 관계가 없이 안전하게 살게

되었을까요? 또는 마음이나 머리에 병이 걸려도 죽을 걱정이 없는 걸까요? 하지만 지난번에 말한 것처럼 이 세상에 '절대적인 것'은 없는 법! 프로이트는 모든 사람에게 최면 요법이 잘 맞는 게 아니라는 걸 발견했습니다. 최면 요법의 한계에 부딪힌 거지요. 어떤 사람들은 몇 날 며칠을 시도해도 도무지 최면에 걸리지 않았습니다. 어떤 사람은 최면 치료를 통해 안 좋은 증상이 다 사라진 것 같았는데 며칠이 지나자 다른 증상이 생겨 괴로워하기도 했습니다.

'최면 요법은 완벽하지 않아. 심리 치료를 하는 좀 더 나은 방법은 없을까? 최면 상태에 빠지지 않은 멀쩡한 정신 상태에서 자신의 상처 입은 과거의 경험을 이야기할 수 있고, 치

최면 요법

료받을 수 있는 방법은 없을까?' 프로이트는 고민에 빠졌습니다. 그리고 얼마 뒤, '자유 연상법'을 생각해 냈고, 이것을 통해 '정신 분석학'이 탄생되었습니다. 물론 아버지처럼 따랐던 브로이어 박사하고는 견해 차이로 헤어지게 됐지요.

TIP!

안나 오로 불렸던 베르다 파펜하임(1859~1936)은 독일 프랑크푸르트에 정착한 후 가난한 사람을 돕는 일에 헌신했어요. 평생 독신으로 지내면서 유대 인 여성 협회를 이끌었고 미혼모, 고아, 창녀를 위한 보호소를 만들어 운영한 그녀는 지금의 사회 사업과 여성 운동의 창시자로 꼽힌답니다.

억눌린 생각이 꿈으로 나타나는 이유는?

프로이트는 브로이어 박사의 연구실을 나왔지만 아직 독립적인 연구 방법을 찾지 못했습니다. 그래서 스승이 하던 방법대로 환자에게 최면 요법을 사용했지요. 하지만 결과는 그리 좋지 않았어요.

환자 스스로 말하게 하는 '자유 연상법'

프로이트는 고민과 연구 끝에 자기만의 환자 치료 방법을 발견했습니다. '그래! 최면을 거는 대신 환자 스스로 생각을 하나하나 떠오르게 해 그것을 또 하나하나 말하게끔

하자!' 이것이 바로 지난번에 말한 '자유 연상법'입니다.

예를 들어 볼게요. 프로이트가 환자에게 어릴 적 가정 환경을 말해 보라고 합니다. 그냥 친구에게 말하듯 하라는 거지요. 그럼 환자는 천천히 자신의 어린 시절을 떠올리며 이야기합니다. "내가 일곱 살 때 잘못해서 꽃병을 깨뜨렸는데 그때 아버지가 엄청나게 화를 내고……." 가령 환자가 여기서 말을 멈추면 프로이트는 그 순간을 놓치지 않고 기록하지요. 그리고 환자가 다시 이야기를 하도록 도와줍니다. 그러면 환자는 또 말하지요. 프로이트는 이런 식으로 환자의 과거의 기억, 상처, 괴로운 일들을 알아내는 겁니다. 프로이트는 환자가 어느 부분에서는 슬퍼했으며, 어느 이야기를 할 때에는 주저했는지 등을 꼼꼼하게 적습니다.

그래서 환자 자신도 몰랐던 마음 깊숙이 숨어 있던, 즉 무의식의 상태를 알아내어 치료를 하는 거지요. 이런 방법은 아주 효과가 좋았습니다.

2011년 12월에
미국 뉴욕에서 열린
자유 연상법 세미나 엠블럼

의사와 환자, 1인 2역의 프로이트

그러나 프로이트의 기쁨도 잠시였지요. 환자가 모두 여자였거든요. 이 시절에도 남자는 자기의 마음 상태를 위해 의사를 찾는 것을 부끄러운 일로 여긴 게 아닌가 합니다. 프로이트는 자기의 치료 방법이 남자에게도 적용되는 지 너무 알고 싶었습니다. 그러나 남자 환자를 만날 수 없어서 속으로 끙끙 앓았지요. 그러던 어느 날, 프로이트에게 좋은 생각이 떠올랐습니다.

'그래, 나야, 나!' 프로이트는 자기 자신을 연구하면 된다고 생각했습니다. 그날부터 프로이트는 자기 자신이 환자가 되고, 의사도 되면서 무의식 속에 있던 기억들을 끄집어냈습니다. 스스로 심리 분석을 한 것이지요. 프로이트는 이 연구 결과를 『꿈의 해석』으로 썼고, 이 책은 심리학의 고전이라고 불립니다.

이 책은 꿈에 대한 프로이트의 정신 분석 이론을 연구하는 데에 아주 중요한 역할을 합니다. 한 사람이 꾼 꿈의 내용을 분석하여서 그 꿈 안에 숨어 있는 걱정과 불안, 소망 등을 알아내는 내용이 담긴 책입니다.

과거에 대해 알아내는 '꿈의 해석'

프로이트는 사람이 잠을 잘 때에는 깨어 있을 때와는 달리 자아 활동이 약해진다고 믿었습니다. 자신도 몰랐거나 일

『꿈의 해석』의 삽화

부러 억누르고 있었던 여러 생각과 의식이 꿈으로 드러난다고 주장했지요. 여러분도 꿈을 잘 꾸지요? 여러분도 프로이트처럼 자기의 꿈을 스스로 연구해 보아요. 그러면 자신의 마음 속 깊은 문제가 풀릴지도 모르니까요.

그러면 여러분은 이런 질문을 할 것 같네요. "선생님, 그럼 엄마 아빠가 말하는 해몽꿈에 나타난 일을 풀어서 좋고 나쁨을 판단함이랑 프로이트가 말하는 '꿈의 해석'은 같은 건가요?"

이런 질문을 한다는 것은 여러분이 아주 생각이 깊은 친구라는 증거랍니다. 우선 답하지요. 우리들이 흔히 말하는 해몽과 프로이트가 연구한 꿈의 해석은 아주 다르답니다. 생각해 보아요. 가령 여러분이 돼지꿈을 꾸면 "엄마는 돈이 생기려나 보다.", "낭떠러지에서 떨어지는 꿈을 꾸면 키가 크려나 보다."라고 말하지요. 이렇게 해몽은 대부분 미래에 일어날 일에 대한 것을 말합니다. 그러나 프로이트의 꿈의 해석은 정반대로 과거에 대한 기억을 더듬거나, 스스로도 몰랐던 과거에 겪은 여러가지 감정과 사건을 알아내는 것을 말하지요. 예를 들어 꽃병이 깨진 꿈이라면 그 사람의 지난 이야기와 잘 연결해 '이 사람은 겉으로 드러내지는 않지만 친구와 헤어진 것 때문에 그 당시에 깊은 상처를 받았고, 그것이 무의식에 깊숙이 남아 있어서 지금도 괴로워하는구나.'라고 진단하는 거예요.

자아는 너무 약해도 문제, 너무 강해도 문제

프로이트의 꿈 이야기 여행을 조금 더 해 보아요. 프로이트는 "꿈은 자신도 모르는 사이 무의식이 마음 속 깊이 숨어 있는 상태를 표현하는 한편, 소원을 이루어 주는 것이다."라고 말했어요. 그러면서 한 예를 들었지요.

강렬한 소원을 대신 이뤄 주는 '꿈'

프로이트의 딸인 '안나'는 아픈 적이 있었습니다. 아플 때 안나는 의사의 지시대로 아무 것도 먹지 못했지요. 한창 맛있는 것을 좋아할 어린아이가 먹지 못하니 얼마나 속상했

겠어요. 그러면 안나는 괴로운 꿈을 꿨을까요? 아니랍니다. 재미있게도 안나는 맛있는 푸딩을 잔뜩 먹는 꿈을 꾸었지요. 어떻게 된 걸까요? 아픈 몸을 치료하기 위해 음식을 먹지 못해 배가 너무 고팠지만, 꿈을 통해 생각으로는 맛있는 것을 실컷 먹은 거지요. 프로이트는 안나의 꿈 이야기를 통해 '꿈은 원하는 것을 이루는 것이다.'라고 했습니다.

여러분도 이런 적이 있는지요? 아무리 공부를 해도 성적이 오르지 않아 우울한 날, 꿈을 꿨는데 꿈속에서 전교 1등을 하며 상을 받고, 부모님에게 선물과 칭찬을 받는 꿈. 좋아하는 남자 친구가 있지만 표현하지 못하고 속으로만 끙끙 앓고 있던 어느 날, 꿈에 그 남자 친구에게 꽃다발과 함께 "나랑 사귈래? 나는 네가 우리 반에서 제일 좋아."라는 고백을 받는 꿈. 이렇게 비록 현실은 속상한 상황이더라도 꿈에서는 바라던 것을 이루는 경우가 종종 있지요. 강렬한 마음의 소원을 꿈이 대신 이루어 주는 거지요.

안나 프로이트

'정신'이란 무엇일까?

프로이트는 꿈에 대한 연구 말고도 인간의 정신에 대한 연구도 했습니다. 우리는 보통 "너 정신 나갔어? 왜 그래?", "내 정신이 어디로 갔나 봐.", "나 지금 너무 바빠서 정신이 하나도 없어."라는 말을 하지요. 그런데 '정신'이란 게 무엇일까요? 이것에 대해서는 신학, 철학, 심리학적으로 진행됐던 수많은 연구와 책이 있어요.

우리는 심리학의 측면에서, 그리고 프로이트의 입장에서 정신에 대한 여행을 해 보도록 해요. 프로이트는 정신을 3가지로 분류했어요. 맨 처음은 이드id이지요. 이것은 라틴어인데 독일어로 에스Es라고도 합니다. 영어의 it그것에 해

미국 방문 당시
클라크 대학 교수들과
사진을 찍은 프로이트
(아래 맨 왼쪽이 프로이트)

당하는 말입니다.

이드는 아주 동물적이고 본능적인 정신입니다. 먹는 것, 배설하는 것, 잠자는 것, 좋아해서 안고 뽀뽀하고 싶은 마음 등이지요. 이것은 아무런 교육을 받지 않아도 스스로 할 수 있지요. 프로이트는 이것을 무의식적이고 이기적인 욕망이라고 했어요.

두 번째는 에고ego입니다. 사람이 보통 '나'를 말할 때에 이 단어를 사용하지요. '이드'처럼 동물적인 본능에 따라 움직이는 게 아니라 사고생각하고, 감정희노애락 등 마음의 움직임, 의지스스로 판단하고 결정하여 움직이고 실행하는 힘 등을 말하지요.

우리는 철학 여행을 할 때 소크라테스를 만난 적이 있지요? 그때 소크라테스의 "너 자신을 알라."라는 말은 '에고' 즉, 자아에 대한 생각을 하는 출발점이라고도 합니다. "쟤는 이기주의야!", "너는 너무 자아가 강해!", "나는 너무 자아가 약해서 걱정이야."라고 말하기도 하지요. 나만의 생각, 감정, 의지에 집중해서 행동하는 사람은 자아가 센 것이죠. 이런 사람은 다른 사람의 생각이나 감정은 중요하게 여기지 않아서, 자아가 강한 사람으로 평가됩니다. 힘든 인생길을 살아갈 때에 자아가 강한 것은 중요하지만 때로는 다른 사람들과 잘 연합해서 평화를 지키며 살아가려면 자신의 자아를 살그머니 가라앉혀야 하는 지혜도 필요하지요.

　어른들이 "그렇게 고집이 세면 못 써!"라고 말할 때에 '고집'이란 '강한 자아'의 다른 이름이기도 하지요. 그러나 "넌 왜 이렇게 주관이 없니? 그러니까 만날 이 사람 저 사람한테 휘둘리잖아. 앞으로는 네 의견도 당당하게 내세우면서 살아라!"라고 조언하기도 하지요. 이때에는 '네 의견' '네 주관'도 엄밀히 따지면 '자아'라고 할 수 있습니다.

　여러분은 어떤 사람인가요? 자아가 너무 강해서 친구들과 잘 어울리지 못하나요? 아니면 자아가 약해서 남의 말에 따라 움직이는 로봇 같은 사람인가요? 너무 강해도 문제, 너무 약해도 문제인 게 자아이지요. 그러므로 상황과 만나는 사람에 따라 자기의 자아를 잘 조절하는 게 지혜 중의 지혜랍니다. 그럼 마지막으로 세 번째 '정신'의 이름은 무엇일까요?

어두운 나의 인격, 그림자에 꽁꽁 숨어 있다?

프로이트의 정신에 대한 3가지 분류 중 마지막은 '초자아superego·슈퍼에고'입니다. 초자아는 도덕적 양심, 스스로 느끼는 죄책감, 나쁜 행동에 대한 수치심과 후회, 정의롭지 않은 일에 대한 분노와 결심, 옳은 것을 생각하려는 마음, 나보다는 다른 사람을 먼저 생각하는 마음 등을 말하지요. 예를 들어서 '무조건 부자가 되어야 해!'라는 생각을 하는 게 자아에고라면, '돈 많은 부자보다 먼저 바른 사람이 되어서 마음의 부자부터 되어야지.'라고 스스로 자신을 깨우치는 게 초자아입니다. 그래서 프로이트는 초자아가 정신의 한 측면으로, 양심의 기능을 담당한다고 했습니다. 이런 초자아는 어릴 때 학습이나 교육으로 이루어진다고 했지요. 어린이들은 가장 많은 시간을 함께 보내는 부모님의 영향으로 초자아의 바탕이 결정됩니다.

국제정신분석학회 포스터

프로이트의 제자 '칼 구스타프 융'

이처럼 인간의 정신과 마음을 심리학 측면에서 연구하고 정리한 프로이트는 수많은 사람의 지지를 받았습니다. 그래서 따르는 제자들도 많았지요. 심지어 프로이트의 딸인 안나 프로이트는 아버지의 뒤를 이어 국제정신 분석학회 회원이 되었습니다. 안나는 아버지의 이론을 충실하게 이어받았지요.

프로이트의 수많은 제자 중에 아주 중요한 한 사람이 있습니다. 심리학 분야에서 절대 모르면 안 되는 '칼 구스타프 융'인데, 보통은 '융'이라고 하지요. 융은 프로이트가 자기 스승에게 그랬던 것처럼, 프로이트를 떠납니다. 처음에는 프로이트와 같은 생각이었지만, 나중에는 견해가 달라졌기 때문이에요.

첫 번째로 견해 차이를 나타낸 것은 '단어 연상' 부분이었습니다. 프로이트는 마치 수학자처럼 환자가 내뱉는 단어 속에서만 진찰을 했어요. 그러나 융은 그 단어들을 통해 과학적으로 증명하기 어려운 '심령적(영적)'인 면까지 살펴보았거든요. 신비주의, 또는 종교적이란 말이 나올만도 하지요?

연구실에서 연구 중인
칼 구스타프 융

융의 '그림자 이론' 또한 프로이트의 이론과는 차이가 있습니다. 융이 말하는 그림자는 또 다른 나의 인격입니다. 그런데 그 인격은 그림자가 검은 색인 것처럼 어두운 인격이지요. 가령 나한테 아무 잘못도 하지 않는데 싫은 사람이 있지요? 그것은 그 사람의 인격이 나의 그림자 인격을 보여 주기 때문이라는 거지요. 그러므로 자기의 그림자 인격에 대해 잘 알게 되면 자신의 실제 인격을 올바르게 고쳐 나갈 수 있다고 합니다. 그러니까 그림자 인격은 그렇게 어두운 면만 있는 게 아니죠.

나에게 숨겨진 여성(남성)성이?

융은 여기에서 한 걸음 더 나아가 '아니마'와 '아니무스'를 이야기합니다.

아니마 anima
남성 안에 있는 여성성으로 영혼을 나타내는 라틴 어에서 유래

아니무스 animus
여성 안에 있는 남성성으로 마음 또는 지성을 나타내는 라틴 어에서 유래

1. 마음을 연구하는 학문, 심리학

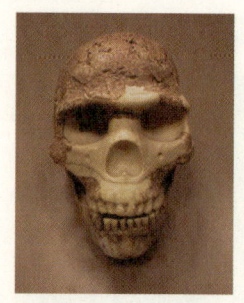

호모 사피엔스 두개골과 그림(아래)

남성여성들은 지구에 인류가 생긴 이래로 약 20만 년이라는 긴 시간 동안 여성남성들과 살아오면서 알게 모르게 여성성남성성을 품게 된 것으로 생각한 겁니다. 그런데 이런 점을 알지 못하거나 인정하지 않을 때에 심리적인 문제를 겪게 된다는 거지요. 이것은 그림자 이론처럼 또 다른 나의 인격을 받아들이는 것과 같은 원리입니다.

여러분, 자신이 남학생여학생이라면 자신의 무의식 속에 숨어 있는 여성성남성성은 무엇인지 살펴보세요. 친구들을 더 잘 이해할 수 있을 거예요. 만약 내 친구인 철수가 어떤 부분에서 힘들어하는 모습을 보일 때에 '비겁해! 나약해!'

라고 생각하기 보다는 '철수에게는 이런 것을 어려워 하는 여성성이 있구나.'라고 생각하게 되니까요. 이런 식으로 생각하면 우리는 친구들과 싸울 일이 거의 없겠지요. 또, 친구를 따돌리거나 얕보지도 않을 겁니다. 그래서 융은 또 다른 나의 인격인 아니마 혹은 아니무스를 잘 받아들여서 자신을 발전시킨다면 '자기 실현'을 이룰 수 있다고 합니다. 최대한 자기실현을 잘 이루기 위해 융은 사람의 행동을 '외향형과 내향형', '감각형과 직관형', '판단형과 인식형', '사고형과 감정형'으로 분류했습니다. 이러한 융의 연구를 응용한 것 중 하나가 요즈음 유행하는 'MBTI 성격유형검사'랍니다.

MBTI 성격유형검사

1. 마음을 연구하는 학문, 심리학 51

마음을 굳게 잡지 않으면? 같은 자리만 '빙글빙글'

아쉽지만 심리학 여행은 이제 종착역에 다다랐어요.

사람의 마음 또는 심리는 눈으로 볼 수 없지만, 그 크기나 넓이는 우주를 1000억 개를 합한 것보다 거대할 것입니다. 오죽하면 "열 길 물 속은 알아도 한 길 사람 속은 모른다."라고 했을까요.

마음이 얼굴처럼 눈에 보인다면 날마다 깨끗이 씻거나 예쁘게 화장하고, 장식품으로 치장하면서 가꿀 수 있겠지요. 만나는 사람이나 상황에 따라 가면을 써서 내 마음을 다른 모습으로 내보일 수도 있지요. 하지만 내 마음은 나조차도 마음대로 못합니다. 예를 들어 '저 빵을 집어서 먹어야지.'

하고 생각하는 순간, 벌써 내 손은 빵을 집어 들고 어느새 입안에 넣어서 맛있게 먹지요. 또, '오늘부터 게임은 안하고 공부만 열심히 해야지!'라고 마음먹지만, 책상 앞에 앉은 지 30분만 지나면 몸이 들썩들썩하지요. 그리고 '이제는 한 살 더 먹었으니까 엄마, 아빠 말씀 잘 듣고 욕설도 하지 말자!'라고 결심하지만 어디 내 마음처럼 되나요? 엄마가 뭐라고 잔소리 좀 하면 금방 화를 버럭 내고 엄마보다 더 크게 소리치고 대들지요. 친구들과 다툴 때에도 별일 아닌데 중얼중얼 혼잣말이라도 욕설을 내뱉지요. 참, 이상합니다! 내 마음은 그게 아닌데 말입니다.

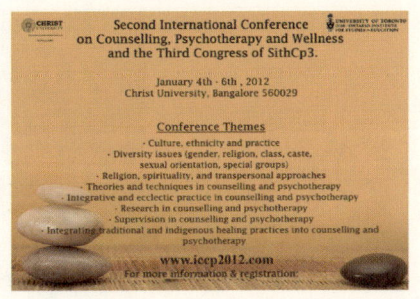

2012년에 열린 심리 치료 회의 안내

현대 사회의 가장 큰 문제 '마음 치료'

바로 여기서 지난번에 말한 성격의 종류가 분류되는 것입니다. 자기 마음을 얼마나 잘 다스리고, 슬픔과 분노, 화 그리고 복수심과 아픔 등을 어떻게 조절하는지. 또, 얼마나 긍정적이며, 상황에 따라 지배당하지 않고 잘 극복하는 지를 검사하여 성격을 나누는 거지요. 이것은 심리 치료에도 큰 도움이 된답니다.

예전과 달리 날마다 새로운 지식과 정보가 쏟아지는 세상입니다. 듣기 싫어도 들려오는 갖가지 뉴스, 보기 싫어도 볼 수밖에 없는 상품 광고, 비교하는 것이 싫지만 저절로 비교당하게 되는 사회, 경쟁 없이 살고 싶지만 자꾸 내 앞을 추월해서 달려가는 친구들.

결국 어른, 아이 모두 마음이 병들게 됩니다. 그래서 심리학 분야는 점점 넓어지고, 이것을 공부하거나 직업으로

윤형방황

삼는 사람들도 많이 늘어나고 있습니다. 현대 사회의 가장 큰 문제이자 해결할 분야 중 하나가 마음 치료이기 때문입니다.

길 잃은 사람, 같은 자리만 빙빙 도는 이유

나는 심리학 여행을 마치면서 한 가지 심리학 용어를 선

윤형방황 輪形彷徨
사람의 눈을 가리거나 사막과 같은 사방이 똑같은 곳을 걸으면 직선으로 가지 못하고 결국 제자리로 돌아오는 현상

물로 주려고 합니다. 그것은 바로 윤형방황입니다.

예전에 어떤 사람이 알프스 산에서 길을 잃고 헤매다가 13일 만에 극적으로 구조되었습니다. 이 사람은 길을 잃은 날부터 살기 위해 매일 12시간씩을 필사적으로 걸었습니다. 그렇지만 알프스 산을 탈출하지 못했지요. 왜 그랬을까요?

과학자들이 조사해 보니 이 사람은 13일 동안 같은 장소에서 빙빙 돌며 걸은 것이었고, 그 거리는 겨우 6km 이내였다고 합니다. 즉, 6km 안에서 날마다 왔다 갔다 헤맨 것이지요. 온통 하얀 눈 덮힌 산속을 헤매다 보니 자신은 앞으로 간다고 생각했지만, 안타깝게도 같은 곳을 빙빙 맴돌았던 것입니다.

이것은 마치 눈을 가린 사람이 방향 감각을 잃어서 20m를 걸으면 출발할 때와 직선거리에서 약 4m 이내의 간격이 생기며 100m를 가게 되면 결국 원을 그리면서 돌게 되는 것과 같은 이치라고 합니다. 바로 이런 현상을 윤형방황이라고 하지요. 여러분도 학교 운동장에서 친구들과 실험해 보세요.

여러분, 어떻게 생각하면 심리, 마음, 자기의 감정 상태를 조절하고 치유하는 것의 첫 번째 의사는 자기 자신일 겁니다. 스스로 굳게 마음을 잡지 않으면 늘 그 상태에서 빙빙

돌지요. 한 발자국도 어려움 속에서 벗어나지 못하는 거예요. 그러므로 마음을 잘 조절하고, 윤형방황에 빠지지 않기 위해 두 눈 똑바로 뜨고 나의 미래를 위해 환한 빛 아래에서 공부하며 당당하게 걸어가세요.

> 옛날부터 사람들은 마음을 다스리는 일을 어려워했나 봅니다. 그래서일까요? 여러 종교에서 마음을 다스리는 법에 대해 이야기하는데, 그중 성경에는 '무릇 이 세상의 무엇보다 네 마음을 지켜라. 자기 마음을 지키는 자가 진정한 승리자다.'라고, 불경에는 '현명한 사람은 마음을 잘 다스린다. 잘 다스려진 마음은 행복의 근원이다.'라고 하며 우리들에게 깨달음을 줍니다.

TIP!

1. 마음을 연구하는 학문, 심리학　57

2

소리가 들리는 인문학, **음악**

이 세상 모든 이는 음악가이자 노래하는 사람

　이제 우리는 '소리가 들리는 인문학 여행'을 시작합니다. 미술이 눈을 통해 무엇인가를 보고, 그 감각을 활용한 깨달음이라고 한다면, 귀를 통해 듣는 것에 대한 '앎'과 '느낌'을 음악이라고 할 수 있겠죠. 이런 의미에서 음악을 '소리가 들리는 인문학'이라고 불러 보았습니다.

　여러분은 음악이란 말보다는 '노래'라는 말에 더 익숙하지요? 마치 음악은 전문가나 서양 클래식이나 국악처럼 전문적인 것이라고 여기는 사람들이 종종 있지요. 이런 탓에 음악을 멀리 있는 것으로 생각하기도 한답니다. 그러나 음악은 곧 노래이기도 하지요. 노래 없는 음악은 있을 수 없고, 음악 없는 노래라는 것은 그야말로 뿌리 없는 나무이니까요.

내가 낸 최초의 소리는?

사실, 이 세상 모든 사람은 음악가이자 노래하는 사람입니다. 왜냐고요? 한 생명이 엄마의 뱃속에서 자리를 잡고 나서, 자기의 부모에게 들려주는 최초로 소리가 무엇인가를 생각해 보아요. '콩쾅콩쾅, 콩쾅콩쾅' 심장 소리입니다. 마치 자기 몸속의 심장을 작은 북처럼 두드려서 '엄마, 아빠! 나 잘 자라고 있어요. 조금만 기다리세요. 엄마 뱃속에서 밖으로 나가는 날 만나요! 엄마랑 아빠도 내가 보고 싶지요?'라고 말하듯이 심장 소리를 들려주지요. 이것은 스스로 내는 작은 북소리이자 생명의 노래이며, '아기 음악'이 아닐까요?

엄마와 태어난 지 50일이 된 아기

이뿐만이 아닙니다. 태아는 세상에 처음 얼굴을 내밀고 태어나는 날, 온몸으로 울지요. '응애응애, 으앙!' 아기는 울음소리로 '내가 태어났어요! 엄마, 아빠 어디 있어요? 세상은 너무 밝아요! 오늘이 내 생일이죠?'라는 노래 같은 울음소리를 내지요. 이 첫 울음 또한 누구에게도 배우지 않은 스스로 내는 노래입니다. 자신이 이제 세상 사람 중 하나의 존재가 되었음을 스스로 알리는 신호음이지요. 생명이 태어난 것을 스스로 축하하는 노래이기도 합니다.

사람은 이렇게 시인이나 과학자이기 전에 한 음악가로, 노래하는 사람으로 세상에 태어납니다. 생각해 보아요. 여러분은 무슨 노래를 부르며 태어났는지요. 전혀 기억나지 않으면 엄마나 이모에게 물어보아요.

신기하지요? 음악은 아기의 심장 소리부터 시작한다는 것이! 이것은 음악의 위대함과 특별성을 나타냅니다. 어떤 아기도 태어나는 그 순간부터 글을 쓰거나 책을 읽지 못합니다. 천재 중의 천재라는 레오나르도 다빈치도, 알베르트 아인슈타인도, 세종대왕도 교육을 받고, 나이가 들면서 읽고, 쓰고 하게 되었지요.

바로 이런 점이 음악의 위대함이자 특별함이란 것입니다. 배우든 배우지 못했든, 여자든 남자든, 아기이든 노인이든 아무런 차별이나 제약 없이 자기 소리를 내고 노래를 부르며 음악 활동을 할 수 있으니까요.

음악, 운명까지 바꿔 놓아요.

지금 여러분은 음악을 어떻게 만나고, 음악을 어떻게 노래하고 연주하는지요? 아이들이 태어나서 최초로 듣는 음악은 대부분 병원 수술실에서 의사나 간호사 선생님들이 틀어 놓은 조용한 음악일 겁니다. 수술할 때의 긴장감을 풀기 위해서, 태어나는 아기의 안정을 위해서 아름다운 음악을 틀어 놓는다고 하지요.

그 다음에는? 상상해 보아요. 무슨 소리, 즉 무슨 노래가 들릴까요? 내 생각에는 병원이든, 집이든 아기가 태어나는 곳에는 어른들이 많이 있으므로 분명히 스마트폰의 벨소리가 요란하게 울릴 겁니다. 며칠 지나면 컴퓨터나 텔레비전에서 흘러나오는 음악 소리이겠지요. 엄마의 자장가보다 훨씬 먼저 듣게 되는 기계음의 음악 소리입니다. 조금 서글픈 현상이지요. 그래서 심리학자들은 이런 것들이 요즘 어린이들의 마음을 차갑게 만드는 원인 중 하나라고도 한답니다. 하지만 희망은 있습니다. 우리들의 마음과 생각, 정신과 인격, 그리고 운명까지도 바꾸어 놓을 수 있는 힘을 가진 것 중 하나가 음악이거든요. 그럼 이제 본격적인 음악 인문학 여행을 하지요. 출발!

모든 말을 노래로 표현하면 어떻게 될까?

먼저 음악이란 낱말에 대해 알아보아요. 한자어로 음악은 소리 음音, 노래 악·즐길 락樂입니다. 그리고 국어사전 풀이는 '박자, 가락, 음성 따위를 갖가지 형식으로 조화롭게 결합하여, 목소리나 악기를 통하여 사상 또는 감정을 나타내는 예술'이지요.

우리나라에서는 1880년대에 선교사들이 들여온 서양 음악을 아악 등 재래의 음악과 구분해서 양악洋樂·서양 음악이라 불렀습니다. 그러다가 1910년 즈음부터는 지금 우리가 일반적으로 생각하는 '음악'의 의미로 사용했지요.

아악
의식 따위에 쓰던 음악. 고려 예종 때 중국 송나라에서 들여온 것을 세종대왕이 박연에게 명하여 우리 것으로 새로이 완성시킨 음악

신들도 음악을 즐겼어요

서양에서는 영어 단어인 music 라틴 어로는 무지카-musica를 사용합니다. 원래는 '뮤즈Muse'에서 유래된 말이지요. 뮤즈는 그리스 신화에 나오는 학예(학문과 예술의 모든 분야)의 여신입니다. 그런데 뮤즈를 알기 위해서는 무사이에 대해 먼저 알아야 하지요.

무사이 Musai
단수는 무사 Musa, 영어로는 뮤즈 Muse이다.

여러분도 알고 있겠지만, 제우스와 기억의 여신 므네모시네 사이에서 9명의 학예의 여신들인 무사이가 태어나지요. 클레이오는 역사, 에우테르페는 서정시, 탈레이아는 희극, 멜포메네는 비극, 테르프시코라는 합창과 춤, 에라토는 독창, 폴리힘니아는 찬가, 우라니아는 천문, 칼리오페는 서사시를 맡았다고 합니다.

조스트 암만이 1579년에 그린 〈Musica〉

올림포스 산에서 아폴론은 하프 연주로 다른 신들을 즐겁게 해 주고, 무사이 여신들은 이 하프 소리에 맞추어 노래를 불렀다고 합니다. 그래서 노래 잘하고, 춤추고, 악기를 잘 다루는 신인 무사이 여신의 영어식 표현인 뮤즈Muse에서 음악을 뜻하는 '뮤직 Music'이 나왔고, 이런 뮤즈들을 섬기

2. 소리가 들리는 인문학, 음악

(왼쪽부터) 클레이오,
탈레이아, 에라토,
에우테르페, 폴리힘니아,
칼리오페, 테르프시코라,
우라니아, 멜포메네

는 신전이라는 뜻으로 '뮤지엄Museum · 박물관'이 나왔지요.

학예의 범위에 역사나 천문이 포함된 게 신기하지 않은지요? 그것은 예술의 속성 중에 시간이나 운동울림, 움직임, 변화, 주기 등의 운동성처럼 인간 활동의 총체적인 측면이 담겨 있고, 그것을 바탕으로 인간이 활동하기 때문입니다. 역사나 천문학을 보면 소리만 나지 않을 뿐 시간과 운동성은 마치 규칙적인 시스템 속에서 연주되는 거대한 교향곡이나 흐트러짐 없이 질서 속에서 움직이는 대규모의 무용단 같지 않은지요?

루소 "음악과 언어는 같은 뿌리"

그런데 한 가지 의문 나는 게 있지 않나요? 음악, 즉 '노래하고 악기를 연주하는 인간의 가장 기본적인 행위 예술이 인문학 여행과 무슨 상관이 있지.'라고 생각했지요? 참, 유익한 의문입니다. 앞서 말한 대로 신화 속에 등장하는 많은 음악 관련 이야기들을 보면 신화는 음악과 절대 뗄 수 없는 사이라는 결론이 나옵니다.

또 하나의 새로운 주장이 음악과 인문학의 관계를 설명해 줍니다. 그것은 프랑스의 작가이자 사상가인 장 자크 루소의 주장에서 시작되지요.

"음악과 언어는 같은 뿌리를 가지고 있다. 그래서 아주 오래전 원시인들은 나름 대로 노래라고 할 수 있는 곡조를 만들어 내용을 붙여서 소리 내어 의사소통을 했을 것이다. 그러다가 훗날 음률과 단어가 서로 각각 갈라졌다."(루소)

상상해 보아요. 사람들이 서로의 생각, 사랑 고백, 주장 등을 새처럼 노래하며 표현했다는 것을! 아마 백 번 싸울 것을 열 번 싸우게 되고, 사랑 고백은 더 아름답게 표현되지 않았을까요? 저마다 자기 생각을 더 잘 전달하기 위해 더 아름답고, 더 독특하고, 더 명확하게 표현하려고 얼마나 애썼을까요?

또, 이런 상상은 어떨까요? 21세기의 세계 모든 사람이 노래로 말하는 모습을! 노래하면서 전쟁을 할 수는 없을 겁니다. 노래하면서 욕하기는 쉽지 않겠지요. 노래하는데 거짓말이나 다른 사람을 흉보는 말을 섞는 게 떳떳하지는 않겠지요. 그러므로 지금도 사람들이 노래로 의사 표현을 한다면 세상은 훨씬 평화롭지 않을까요? 그래서인지 루소는 "노래가 음률과 단어로 갈라지게 된 것은 인간의 비극이다."라고 말하기도 했습니다.

오늘 하루는 종일토록 뮤지컬 배우처럼 노래로 말해 보아요. 가족과 친구들이 어떻게 반응할지 궁금하지요?

음악 이론을 세운 사람이 수학자 피타고라스?

여러분, 이제 서양 음악의 역사 여행을 하지요. 우리가 보통 클래식이라고 말하는 서양 음악의 역사는 기독교 역사와 깊은 관계가 있습니다. 기독교 음악은 종교 음악이지만 한편, 서양 음악의 뿌리이자, 수많은 가지이면서도 열매이거든요.

병 낫게 하고 기적 일으키다

음악은 고대 그리스 사람들의 생활과 사상 속에서 아주 중요한 자리를 차지했습니다. 생각나는지요? 음악의 창시

아내인 에우뤼디케를 위해
하프를 연주하는
오르페우스

자이며 연주자로 알려진 그리스 신인 아폴론이나 암피온, 오르페우스를! 사람들은 이런 신화를 통해서 음악에 어떤 힘이 있었다고 믿었어요. 병을 낫게 하고, 악마를 물리치고, 비를 오게 하고, 기적을 일으킬 수 있다고 생각한 겁니다. 구약 성경을 보면 기원전 3000년에 소년 다윗이 하프를 연주하여 정신병을 앓는 사울 왕을 진정시키는 장면도 나오지요.

이렇듯 고대 그리스 시대에는 모든 면에서 음악이 절대적인 위치에 있었습니다. 먼저 그들이 목숨처럼 중요하게 생각한 제사 의식에서 음악이 빠지지 않았습니다. 아폴론을 위한 제사에서는 리라_{고대 그리스의 발현 악기}를, 디오니소스의 제사에서는 아울로스_{고대 그리스의 관악기}를 사용하여 음악을 연주했지요. 또한 고대 그리스인이 가장 좋아한 연극 공연에서도 기악 연주나 합창 등 음악을 늘 사용했습니다. 심지어 음악 경연 대회를 했다는 기록도 있지요.

천문학·도덕과 무슨 관계?

고대 그리스 사람들의 음악은 철학, 수학과도 관계가 깊었습니다. 여러분 놀라지 마세요. 음악의 이론을 정립한 사람이 피타고라스입니다! 피타고라스를 고대 그리스 음악의 설립자라고 하지요. 수학자이며, 철학자인 피타고라스는 제자들에게 "숫자는 모든 정신과 물질세계의 열쇠이다. 그래서 수에 의해 질서가 이루어지는 음악의 소리와 리듬의 체계는 우주 질서와 같은 것이다."라고 가르쳤습니다. 그래서인지 오늘날 발굴된 고대 그리스 음악에 대한 자료는 대부분이 음악 이론에 대한 것이 많습니다. 참 놀라운 것은 그 시대의 음악 이론이 21세기의 첨단 과학 문명 시대에도 사용된다는 점입니다.

고대 그리스의 관악기인 아울로스를 연주하는 모습

여러 악기를 연주하는
피타고라스

　　피타고라스의 주장처럼 고대 그리스 음악은 천문학과도 관계가 깊습니다. 우주는 인간의 귀에는 들리지 않는, 또는 인간의 귀로는 들을 수 없는 소리가 있다고 생각했거든요. 그런데 가만히 생각해 보면 아주 틀린 말은 아닌 것 같지요? 언제고 기회가 있으면 아주 조용한 밤에 창문을 열고 하늘에 귀를 기울여 보아요. 어쩌면 우주의 소리, 우주의 음악을 들을 수 있지 않을까요!

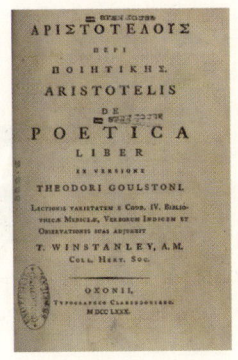

아리스토텔레스의 『시학』 표지

음악은 문학, 특히 '시'와 가까웠습니다. 고대 그리스 사람들에게 음악과 시라는 단어는 같은 말처럼 여겨질 정도였지요. 그리고 음악과 '말'을 같은 단어라고 생각했지요. 철학자 아리스토텔레스는 그의 책 『시학』에서 '선율, 리듬, 언어도 시의 요소.'라고 했거든요.

더 놀라운 점은 고대 그리스 사람들은 음악을 '도덕'과도 연결시켜 생각했다는 것입니다. 그들은 음악에는 도덕적 성질 윤리와 도덕이 있다고 믿었습니다. 이 사상은 피타고라스가 주장한 '세상의 모든 만물은 수학의 법칙 아래에 있다.'라는 것을 근거로 하지요. 그래서 올바른 법칙 아래에서는 올바른 관계가 이루어지고, 잘못된 법칙에서는 잘못된 일이 일어나는 겁니다.

음악도 마찬가지로 좋은 조화로 이루어진 음악은 사람에게 좋은 영향을 미치고, 결국 그런 음악을 듣고 자라면 좋은 사람이 된다는 것입니다.

보에티우스
"음악, 수학·철학만큼 중요해!"

서양 음악 초기라 할 수 있는 그리스도교 시절 기원후 2, 3세기부터 이야기해 볼까요? 이때 유대 이스라엘의 옛 이름 사람들은 구약 성경의 시편처럼 시를 사용했고, 목관 악기와 현악기를 사용하여 노래했습니다. 물론 그 시의 내용은 당연히 하나님에 대한 찬양과 사랑과 용서를 비는 마음이 가득 담긴 내용이지요. 그래서 찬송시, 찬송가, 또는 성가라고 하지요. 그러다가 로마가 기독교를 국가의 종교로 삼으면서 많은 점이 달라졌습니다. 우선 음악에 사용된 언어가 라틴 어이지요. 특히 기원후 590년에 교황이 된 그레고리오는 교회 성가가 발전하는 데에 아주 중요한 역할을 했습니다.

'그레고리오 성가' 또는 '그레고리오 성가단' 등 들어 본 적이 있을 겁니다.

신과 더 가깝게 연결해 주는 음악

기독교를 탄압했던 몇몇 로마 황제들은 성가를 못 부르게 하거나, 인쇄물로 나오는 것을 막았습니다. 하지만 오히려 그럴수록 찬송시와 성가는 어린이와 어른 모두에게 멀리 멀리 전해졌습니다. 이런 가운데 성 아우구스티누스처

구약 시대 이스라엘에서 악기를 연주하던 모습

그레고리안 성가

럼 위대한 사상가들은 이런 고민을 했지요.

'음악은 약한 마음을 경건하게 만들어서 하나님 앞으로 더 가까이 인도해 준다. 그러나 노랫말보다 멜로디에 더 마음이 쏠린다면 이것은 옳지 않다. 세속적이다.'

요즘 사람들이 들으면 이해가 안 되는 말이겠지요. 여러분이 더 잘 알겠지만 요즈음 음악들은 노랫말 즉, 가사에는 아예 신경을 쓰지 않아요. 몇 개의 단어를 3, 4분 되는 노래 안에서 계속 반복하면서 춤추는 데에만 신경을 쓰잖아요.

중세 시대에 들어서면서 본격적인 음악 이론이 세워지기 시작했습니다. '아니시우스 만시리스 세베리누스 보에티우스'라는 이름이 아주 긴 이 사람은 중세 시대에 가장 권위 있는 음악학자였습니다. 그는 수학, 철학과 함께 음악을 아주 중요한 기본 과목으로 여겼지요.

그는 '우주의 음악'을 뜻하는 뮤지카 문다나 질서정연한 우주의 움직임과 인간과 관계를 다룸, '인간의 음악'을 뜻하는 뮤지카 후마나 인간의 육체와 영혼을 소우주로 볼 때 그 안에 있는 각

기관의 역할과 음악과의 연계성을 다룸, '음악 예술'을 뜻하는 뮤지카 인스투멘탈리스가장 기본적인 음악의 역할, 박자, 멜로디를 다룸로 음악을 나누었습니다.

보에티우스는 음악이 사람의 감정에 영향을 준다는 의미의 '뮤지카 인스투멘탈리스'를 가장 낮게 평가했지요. 음악이 철학, 천문학, 수학 등과 연계된 일종의 고급 학문이라고 여겨서입니다.

만약 보에티우스의 이론대로라면 지금 우리나라의 아이돌 가수들은 모두 철학자나 수학자 반열에 오르겠지요. 그리고 몸을 흔들면서 춤추는 대신 얌전하게 옷을 입고, 학생들에게 공부를 가르치지 않을까요?

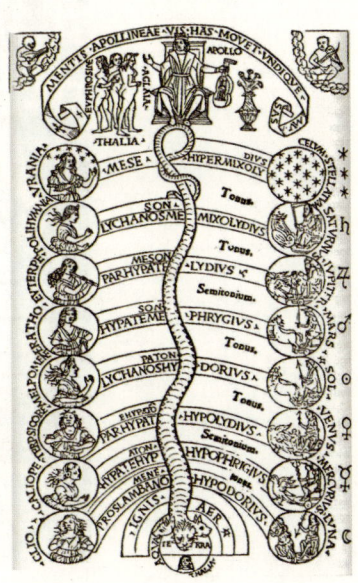

뮤지카 문다나

바이올린의 조상은 비올·비엘·피들

악기 이야기를 빠뜨릴 뻔했네요. 중세 시대에는 유럽, 아시아, 아프리카에 서로의 악기들이 활발하게 소개되었지요. 그래서 악기의 이름을 말할 때에 약간 혼란스러워지는 경우도 있습니다.

먼저 가장 중세적인 특징이 담겨 있다는 하프

그레고리오, 루터, 바흐의 모습이 담긴 스테인드글라스

를 소개하지요. 하프는 아일랜드와 영국에서 시작되었다고 합니다. 바이올린의 조상들은 르네상스 때의 '비올', 중세 시대의 '비엘'과 '피들'이 있지요.

여러분이 문방구에서 쉽게 살 수 있는 리코더는 사실 역사적인 악기입니다. 그 역사가 중세 시대부터이니까요. 이 시대에 플루트와 리코더, 그리고 오보에 계통의 '숌'이라는 악기가 사용되었지요. 트럼펫은 귀족들만 불 수 있었다고 합니다. 보편적인 민속 악기는 백파이프와 북 등이 있었습니다. 교회에서는 오르간을 사용했지요. 그런데 여러분은 어떤 악기를 다룰 수 있나요? 자기 목소리 말고요!

학생들을 가르치는 보에티우스

성 아우구스티누스 같은 위대한 기독교 철학자들은 단순한 오락을 위한 음악을 거부했으며, 아름다운 것은 우리로 하여금 신성한 아름다움을 생각하게 하기 위해서 존재한다는 플라톤의 원칙을 고수했습니다. 또한 그들은 기독교의 가르침과 거룩한 생각을 할 수 있게 마음을 열어 주는 음악만이 교회에서 들려질 가치가 있는 것이라고 생각했으며, 가사가 없는 음악은 이와 같은 기능을 할 수 없다고 믿었기 때문에 많은 기독교 음악이 반주 없이 노래되기도 했습니다. 우리가 흔히 말하는 아카펠라와 같은 형식이었지요.

2. 소리가 들리는 인문학, 음악 79

손으로 까닥 까닥 움직이는 것도 음악일까?

이번 음악 여행을 통해 여러분도 악기 하나를 정해서 배우면 좋겠어요. 악기를 연주하면 스스로도 즐겁고, 가족이나 친구들에게도 음악 선물을 할 기회가 많아질 테니까요. 음악은 이처럼 나뿐만 아니라 주위 사람들과 '소통'하는 역할도 한답니다.

리듬·선율·화성은 음악의 3요소

음악을 통한 '소통'과 잘 어울리는 표현이 있습니다. '호모 무지쿠스 Homo Musicus'입니다. 쉽게 말하면 음악하는 사람, 노래하는 인간이지요. 노랫말이 없어도 흥얼흥얼 음을 내는 것, 어떤 음악 소리가 들리면 몸을 자연스레 움직이는 것, 손가락을 무심하게 까닥까닥 움직이며 소리 내는 것, 친구와 이야기하면서도 박자를 맞추듯 '왼발', '오른발'하며 넘어지지 않고 걸어가는 것. 사실, 이 모든 것이 음악이라 할 수 있지요. 그러고 보면 우리는 본능적으로 모두 음악을 하는 사람인 셈이지요.

"에이, 그런 게 무슨 음악이에요? 음악이라고 말하려면 음악의 3요소를 갖추어야지요. 학교에서 배웠단 말이에요!"라고 누군가 말하는 것 같군요. 음악의 3요소인 리듬rhythm, 선율melody, 화성harmony을 무시할 수는 없지요. 그럼 3요소에 대해 조금 더 알아볼까요.

음의 장단길고 짧음이나 강약셈과 여림 따위가 반복될 때, 그 규칙적인 음의 흐름을 리듬우리말로는 '박자감, 흐름, 흐름새'이라고 합니다. 그래서 리듬은 음악의 가장 기본적인 토대를 이루며, 밴드의 드럼 역할이라고도 할 수 있지요.

두 번째 요소인 멜로디가락는 리듬에 있는 길고 짧음과 셈과 여림 등에 음의 높낮이가 더해진 것입니다. 이렇게 되면 그 노래음악에 여러 가지 감정기쁨, 슬픔, 비통함, 경쾌함, 흥겨움, 우울함 등이 생기게 됩니다. 우리가 '흥겨운 가락, 슬픈 가락'

이라고 말할 때에 '가락'은 멜로디입니다.

마지막으로 높낮이가 다른 음을 두 개 이상 동시에 울리면서 리듬과 멜로디를 음악의 사용 목적에 따라 붙여주면 하모니_{화성-소리가 화합한다는 뜻}가 완성되는 것입니다.

시대를 넘어서서 누구나 좋아하는 고상한 고전 음악은 물론 요즘 인기를 얻고 있는 아이돌 그룹의 노래들도 바로 하모니_{화성}가 잘 이루어진 까닭에 사람들의 사랑을 받는 것이랍니다. 단지 얼굴이 예쁘고, 춤을 잘 추어서 그 노래가 좋은 게 아니지요.

사람이 호랑이와 달리 노래하는 이유는?

이야기를 다시 '호모 무지쿠스'로 돌려 볼까요. 앞에서 말한 것처럼 본능적으로 음악에 다리를 흔들고, 슬픈 가락에 눈물을 흘리며, 박자를 맞추듯 잘 걸어가고 하는 것이 음악이기도 하지요. 그런데 이런 움직임이나 감정은 우리의 손과 다리가 직접하는 게 아니랍니다. 바로 '뇌'의 작용이지요. 그래서인지 심리학자이며, 신경과학자일 뿐 아니라 레코드 프로듀서, 음악가이며 베스트셀러 작가로 다양한 활동을 펼치고 있는 몬트리올대학의 '대니얼 J. 레비틴은 "인간

대니얼 레비틴과
그의 제자들

은 동물과 달리 뇌 구조의 발달로 언어와 예술을 하게 되었다."라고 말합니다. 대뇌피질에 위치한 전전두엽의 발달로 인간은 언어와 예술에 반응하고 능숙해지게 되었지요. 그래서 사람은 호랑이도 전혀 할 수 없는 음악, 문학, 미술 등 모든 예술을 창작하고, 전파하고 즐길 수 있는 거지요.

　레비틴은 이런 주장과 함께 인간이 크게 6가지 주제의 노래로 인생을 살아간다고 말합니다. 6가지 주제는 '우애_{우정}, 기쁨, 위로, 지식, 종교, 사랑'이지요. 어떠한가요. 여러분은 자신이 호모 무지쿠스이며, 6가지 주제의 노래를 다 들어보았나요?

귀뚜라미 소리도 음악일까?

노래하고, 악기를 연주하는 것은 인간만의 특권일까요? 이 질문에 정답이 될 수도 있는 재미난 이야기를 들려줄게요. 경상북도 고령군의 '고령 지역 설화 자료집'에 이런 이야기가 있습니다.

집이 없는 꾀꼬리와 두견새는 건너 마을에 혼자 사는 따오기한테 신세를 지려고 했습니다. 혼자서 조용히 지내던 따오기는 내키지 않았지만, 둘이서 간청을 하니 받아들였지요. 따오기네 집은 낭떠러지 앞에 있는 자연 동굴. 집 앞에는 깨끗한 냇물이 흐르고 숲이 우거져 정말 편안한 보금자리였지요. 두견새는 꾀꼬리에게 "우리의 목청은 세상이 알아줄 정도로 아름다우니 따오기랑 노래 자랑을 해서 이기는 편이 이 집을 차지하도록 하자."라고 말했습니다. 둘의 제안에 따오기는 고개를 끄덕였지요. 이길 자신이 있었으니까요. 심사는 황새가 하기로 했지요. 먼저 꾀꼬리가 노래를 하자 "구슬프고도 방정맞다."라며 황새가 화를 냈습니다. 두견새가 노래를 하자 "슬피 울어 마음을 다 녹인다."라고 그만두게 했지요. 마지막으로 따오기가 노래했습니다. 끝까지 듣고 난 황새는 "풍년을 기약하는 흥겨운 노래다."라며 칭찬했습니다. 화가 난 꾀꼬리와 두견새는 황새의 긴 꽁지를 물어 뜯어 버리고는 멀리 달아나 버렸습니다.

원래 황새도 공작처럼 긴 꽁지가 있었지만 꾀꼬리와 두견새에게 물어 뜯겨 꽁지가 없어진 것이지요. 황새는 지금도 혹시 둘이 공격을 할까 봐 한 발을 들고 먼 산만 바라보고 있답니다.

새 · 고래 · 곤충이 노래하는 이유

여러분, 이 설화를 음악과 관계지어 생각해 보세요. 수많은 새 중에서도 노래를 부르듯 소리를 내는 새를 '연작류'라고 합니다. 날개 달린 음악가인 셈이지요. 이들 중에서도

노래하는 새

음악이나 문학에 자주 등장하는 새는 나이팅게일과 종달새 종다리 입니다. 모든 척추동물 중에서 노래를 가장 많이 부르는 것은 새일 겁니다.

왜 새들은 노래를 부르는 걸까요? 학자들은 그 이유를 '짝짓기 결혼'와 '영역 자기 구역 지키기'로 말합니다. 그래서인지 같은 굴뚝새라도 목청이 더 크고, 더 아름답게 노래하는 새일수록 짝짓기도 잘하고, 자기 영역도 확실하게 지킨답니다. 한편 목소리가 작고 노래 가락이 그리 다양하지 않은 새들은 특별하게 자기 영역을 주장하며 싸우지 않는다고 합니다.

바다 속에서도 동물들은 노래하지요. 특히 혹등고래는 노래를 잘하기로 유명한데, 놀라운 것은 사람들이 지방마다 사투리를 쓰는 것처럼 혹등고래도 지역마다 노랫소리가 다르답니다. 게다가 혹등고래의 노래는 마치 사람이 창작 활동을 하는 것처럼 점점 달라지고 있답니다. 신기하지요? 고래들이 음악 학원에 다니거나 악기를 다루는 것도 아닌데 말입니다.

유인원 중에는 긴팔원숭이가 노래를 할 수 있지요. 하지만 고래처럼 노래가 다양하게 변화하는 건 아니랍니다. 또 머리가 좋은 침팬지나, 고릴라, 오랑우탄도 노래를 할 수 있지는 않아요.

새, 고래, 원숭이처럼 동물만 노래를 할 수 있는 게 아닙니다. 우리의 손가락만 한 곤충도 뛰어난 음악가이지요. 가을이 되면 노래와 시에 등장하는 귀뚜라미가 대표적이지요.

음악은 감정 표현의 수단

이렇게 살펴보니 동물도 음악가 같지요? 물론 엄격한 의미에서 동물의 특별한 소리를 음악이라고 말할 수는 없지요. 우리가 처음에 배운대로 음악의 기본적인 요소를 갖추지 못했으니까요. 그러나 이런 판단은 너무 인간 중심적인 생각이 아닐까요? 동물들은 인간이 뭐라 하던 저마다 표현하고 싶은 소리를 내면서 사랑하고, 다투고, 기뻐하고, 슬퍼하니까요.

이런 점을 생각하면 음악의 범위가 아주 넓어집니다. 악보를 그릴 줄 몰라도, 화성악을 공부하지 않아도, 박자나 리듬감이 고르지 않아도 자기 목소리로 자기의 감정을 표현할 줄 알면 그것도 하나의 음악이 될 수 있지요.

그럼 식물도 동물처럼 음악과 깊은 관계가 있을까요? 결론부터 말하자면 '네!'이랍니다.

TIP!

자연계에서는 다양한 동물들이 짝을 찾기 위해 노래를 부릅니다. 우리가 듣는 새와 개구리, 그리고 풀벌레의 울음소리는 사실 짝을 찾는 사랑의 노래이지요. 이 중 대부분은 수컷이 부르는 **구애**이성에게 사랑을 구함의 노래입니다. 여치나 메뚜기 같은 곤충들은 독특한 울음소리로 자연의 정취를 더하는데 이 역시 수컷의 구애 노랫소리입니다. 여치와 메뚜기 같은 곤충은 오른쪽 앞날개 안쪽에 작은 빈 공간이 있어서 소리를 멀리까지 보낼 수 있습니다. 소리가 빈 공간에서 울려 퍼지기 때문이지요. 하지만 사랑의 노래는 암컷 뿐 아니라 그들을 잡아먹는 천적 즉, 포식자도 들을 수 있습니다. 목숨을 걸고 사랑의 노래를 부르다니 그 애절함과 간절함이 사람이 부르는 노래에 못지 않지요?

음악은 식물도 춤추게 한다!

  농부들은 "곡식은 주인 발소리를 듣고 큰다."라고 말하지요. 그래서 아침마다 곡식의 머리 윗부분를 사랑하는 마음으로 쓰다듬어 주는 농부도 있습니다. 이것은 식물도 사람의 정성과 노력이 절대 필요하다는 뜻이며, 식물도 사람처럼 무엇인가를 느낄 줄 아는 감각이 있다는 말이 아닐까요?

  이런 점에 힌트를 얻어 음악과 식물의 관계를 연구한 사람이 많습니다. '식물도 저마다 특성에 맞는 음악을 들으면 병충해를 잘 이겨 내 더 건강해지고, 열매도 많이 맺지 않을까?' 이러 의문은 사람의 성장에 적용해 보면 쉽게 이해할 수 있습니다. 가족의 사랑을 듬뿍 받으며, 자기가 좋아하는 공부와 예능 활동을 하며 자라는 어린이들의 몸과 마음은 별 이상이 없는 한 건강하지요. 얼굴도 늘 밝아요. 친구들과의 관계도 좋으며, 자신의 미래열매를 위해 공부도 열심히 합니다. 여러 가지 유혹병충해도 씩씩하게 이겨 내지요.

식물을 잘 자라게 하는 '그린 음악'

어린아이를 키우듯 식물이 성장할 때 음악 들려 주기를 시도한 연구원들은 한결같은 결론을 내립니다. 예를 들어, 비료를 줄 때에 미리 음악을 들려주고, 비료를 뿌릴 때에도, 뿌리고 나서도 음악을 들려주면 식물은 훨씬 많은 비료를 빨아들인다고 합니다. 신기하게도 그렇게 하지 않은 식물에 비해 튼튼하고, 열매도 많이 맺지요. 사람이나 동물처럼 귀청각 기관가 없는 식물은 온몸으로 음악을 들을 수 있다고 하지요.

이런 현상에 힘입어 나온 것이 '그린 음악Green Muic'입니다. 그린 음악에는 아이들이 좋아하는 즐거운 동요, 잔잔한 물소리, 정겨운 새소리, 소나 병아리 등 온순한 가축의 울음소리가 포함되지요. 식물을 위해 특별히 작곡하기도 해요. 듣고 있노라면 마치 평화롭고 아름다운 시골집에 있는 것 같은 편안함을 줘요. 이런 음악의 효과는 시끄러운 댄스 음악이 따라오지 못하지요. 오히려 시끄러운 음악은 식물이 스트레스를 받으니까요. 정말 놀랍지요. 머리도 가슴도 없고, 생각할 줄도 모르는 것 같은 식물이 음악의 영향을 받는다는 것이!

아픔도 느껴요

식물도 사람처럼 마음이 있고 말을 한다고 주장하는 학자도 있습니다. 영국의 글래스고 대학의 멕컴 윌킨스 교수는 "식물도 예민한 감정을 가진 생명체이며, 잎이나 줄기가 잘릴 때 사람의 피에 해당하는 투명한 액체를 흘리고 수분이 필요할 때에는 인간의 귀에 들리지 않지만 비명을 지른다."라고 주장합니다.

이런 주장이 어느 정도 맞는 말일까요? 음악을 들려준 식물들은 서로서로 돌보아 주고 보듬어 주어 모두 고르게 잘 자란답니다. 그런데 음악을 들려주지 않은 밭은 식물들은 저마다 제멋대로 자랐대요.

생각하고, 또 생각해 보아도 음악에 반응하는 식물과 인

트레포트 뮤직
(그린 음악) 페스티벌
2013 포스터

간의 모습이 너무도 비슷하지요? 상상해 보아요. 하루 종일 교실에 빠른 박자의 댄스 곡이나 귀가 아플 정도로 시끄러운 음악을 흘려보낸다면 학생들의 마음은 어떻게 변할까요? 반대로 조용하고 잔잔한 자연의 소리를 바람 소리처럼 들려준다면 그 교실에서 싸움이 자주 일어날까요?

마음을 움직이고 변화시키는 음악

이처럼 사람과 동물, 식물이 음악에 대해 반응하는 모습을 볼 때 우리는 귀중한 사실을 발견할 수 있습니다. 음악은 단지 두 귀를 즐겁게 하는 오락의 기능을 넘어선다는 것입니다. 사람의 마음과 정서는 물론 지능도 감정도 없을 것 같은 동식물의 성장에까지 큰 영향력을 끼친다는 것이지요. 대단히 큰 힘이지요. 눈에 보이지 않는 음악, 칼처럼 무서운 권력이 없는 음악, 세상 어느 부자도 자기 혼자 소유할 수 없는 음악. 그런데도 모든 사람의 마음과 귀로 흘러 들어갈 수 있는 엄청난 힘을 가진 음악.

요즈음 어린이들은 이렇게 위대한 힘을 가진 음악을 어디서 만나는지요? 음악에도 '역사'가 있습니다. 이 음악의 역사는 인간의 역사, 지구의 역사처럼 흥미진진하지요.

그럼 이제부터 음악의 시간 여행을 해 보아요.

여러분에게 부모님이 계시듯이 음악에도 어머니와 아버지라고 불리는 음악가들이 있답니다.

> 세상에는 수많은 음악이 있지만, 식물을 위해 만든 음악은 딱 2가지 밖에 없습니다. 하나는 미국의 댄 칼슨 박사가 만든 '소닉 블름Sonic Bloom'이고 다른 하나는 우리나라의 이완구 박사가 만든 '그린 음악Green Music'입니다. 소닉 블름은 비발디의 '사계' 등 서양 음악으로 구성되어 있는 반면, 그린 음악은 명랑한 동요 풍의 노래입니다. 이완구 박사는 농촌진흥청에 근무하며 식물 생육을 촉진시키고 병해충을 억제해 주는 그린 음악 농법을 만들었지요. 이완구 박사는 미국을 비롯해 전 세계적으로 사용되는 식물 음악인 소닉 블름을 입수하여 3년 여에 걸친 연구 끝에 소닉 블름보다 효과가 좋은 그린 음악을 개발 1994년에 발표합니다. 소닉 블름은 가짜 새소리를 사용한 반면 그린 음악은 자연에서 녹취한 새소리, 물소리, 소의 울음소리를 담고 있어 평화스러운 전원의 느낌을 선사합니다.

TIP!

광고에서 듣던 음악이 300년 전에 만들어졌다고?

우리는 서양 음악을 통틀어 클래식 음악classical music, 또는 고전古典 음악이라고 합니다. 그럼 '클래식'은 무엇을 뜻할까요? 클래식이란 낱말은 상업적인 의미에선 '비싼 물건'이나 '명품'을 가리켜요. 그렇다면 클래식이란 말에는 무엇인가 소중한 뜻이 담겨 있을 것 같지 않나요?

우선 '클래식'은 고대 그리스 로마의 문화와 예술을 말하지요. 유럽 사람들은 고대 그리스 로마의 문화와 예술을 위대하게 여기거든요. 시간이 아무리 흘러도 변하지 않는 가치를 지닌 작품과 예술 정신으로 인정하기 때문입니다. 클래식 음악이란 말에도 이러한 정신이 담겨 있습니다. 유행

음악과 함께 여가를
보내는 중세 시대의 가족

가처럼 인기에 따라 나타나고 사라지는 게 아니라, 영원히 인간의 마음과 정신을 아름답게 해 주는 음악!

음악을 기록하다

고대 그리스 로마의 예술 중에서 '음악'은 역사적 자료가 남아 있지 않아요. 당연한 일이지요. 당시에는 녹음 기술이라는 말조차 상상할 수 없었으니까요. 고대 문자로 적힌 악보 몇 개만이 발견되었지요. 그래서 음악가들은 문학,

건축, 미술과는 달리 아무 바탕 없이 음악의 역사를 시작해 나가야 했어요. 어쩌면 이것이 클래식 음악의 역사적 출발이라 할 수 있답니다.

암흑시대라는 중세 시대에 음악은 어둡지만은 않았어요. 종교가 삶이 된 시절이라 교회 음악은 날로 발전했지요. 중세 시대에 음악은 교회라는 안전한 성 아래에서 튼튼하게 자라났다고도 말합니다. 이때에 오르간도 발달했고, 작곡법과 악보도 완성됐지요.

교회 음악에 싫증난 사람들은 '음유 시인'을 통해 사랑의 노래, 자연의 노래를 들었답니다. 14세기에 들어서면서 세

성 베드로 성당의 오르간(왼쪽)과 노래하는 음유 시인들

속 음악이 기사 계급에서 시민 계급으로 옮겨지면서 '마이스터징어Meistersinger', '장인匠人', '명가수'가 나오게 되지요. 요즈음으로 말하면 최고 인기 가수이겠지요.

음악과 연극의 만남

이러는 사이에 음악은 르네상스 시대로 들어섭니다.

르네상스 시대에는 음악 세계에 커다란 변화가 생깁니다. 인간의 개성과 감정, 사고방식 등이 반영된 음악이 등장하는데, 이것이 바로 '오페라'이지요. 이탈리아의 교양 있는 귀족, 화가, 시인, 음악가들의 모임인 '카메라타동료'는 그리스 연극을 준비하다가 시 낭독과 노래와 연기를 한 무대에 올릴 수 있는 '오페라'라는 새 장르를 만들어 냈습니다. 오페라는 라틴 어 오푸스opus:작품의 복수형이지요. 처음에는 오페라라는 단어가 없어서 '드라마 페르 무지카dramma per musica'라고 하였지요. 즉, '음악을 위한 연극'이란 말이지요. 오페라는 서양 음악을 발전시키는 힘이 됩니다.

르네상스 시대의 음악을 발전시킨 또 하나의 힘은 '비올'의 아들이라 할 수 있는 바이올린과 비올라, 첼로, 콘트라베이스의 발달이지요. 이 현악기들은 음악을 훨씬 다양하게 발전시켰어요.

지금까지 연주되는 클래식

탄탄한 악기의 발달, 작곡법과 악보의 완성 등은 다음 세대인 바로크 시대를 위한 준비였어요. '음악의 대형화, 웅대함, 극적 표현'으로 설명되는 바로크 음악Baroque music은 정말 화려하게 음악의 역사를 펼쳐 나갑니다. 바로 이 시대에 음악의 아버지 '바흐'와 음악의 어머니 '헨델'이 등장합니다. 이뿐인가요. 빨강 머리 사제로 유명한 '사계'의 비발디도 등장하지요.

16세기 말에 등장한 바로크 음악은 18세기 중반까지 거의 150년 동안 유럽의 음악 세계를 지배했습니다. 지금도 바흐와 헨델, 비발디의 음악을 어디서나 들을 수 있고, 연주회가 늘 열려요. 많은 어린이들이 학교에서 학원에서 연주법을 배우는 것을 보면 바로크 음악의 시대는 전혀 멈추지 않은 것 같아요.

이런 의미에서 '클래식'이라고 하는 거랍니다. 어린이 여러분은 여러분의 무엇을 '클래식'으로 만들고 싶은지요?

악기만 알아도 클래식이 보인다?

여러분에게 클래식을 크게 두 줄기로 나누어 소개하지요. 한 줄기는 음악이 어떤 악기들로 어떻게 표현되는 지에 관한 것이고, 또 하나는 클래식의 역사, 즉 작곡가의 역사이지요. 그럼 우리는 악기의 규모에 따라 달라지는 음악에 대해 알아보아요.

독주곡과 협주곡의 차이

독주곡 solo · 솔로은 혼자서 연주하기 위한 곡으로 쇼팽의 피아노 독주곡 혹은 브람스의 바이올린 독주곡같이 대부분

바흐(왼쪽)와 헨델

기악
악기를 사용하여 연주하는 음악. 연주자의 수에 따라 독주·중주·합주로 나누고, 표현 형식에 따라 교향곡·협주곡·소나타·실내악곡 따위로 나눈다.

작곡가 이름과 붙여 씁니다. 독주곡에서는 연주되는 악기의 모든 장점을 최대한으로 살리려 애씁니다.

소나타sonata · '소리나다'라는 뜻는 기악을 위한 독주곡입니다. 모차르트는 약 90곡에 달하는 소나타를, 베토벤의 55곡의 소나타를 남겼지요. 피아노 소나타 중 가장 유명한 것은 바흐의 '평균율 피아노곡집'이지요. 바흐가 아들과 제자를 가르치기 위해 만든 곡으로 현재까지 피아노를 배우는데 있어 없어서는 안 될 교재로 손꼽히고 있어요. 베토벤의 피아노 소나타 32곡도 유명합니다. 특히 비창, 월광, 열정 소나타는 3대 피아노 소나타로 많은 연주가들이 연주했으며, 지금까지 꾸준히 사랑을 받고 있지요. 여러분이 피아노를 배울 때에 들어보거나, 한두 번 연주한 적이 있을 겁니다.

두 번째로 협주곡concerto·콘서트, 콘체르토concerto가 있습니다. 이것은 라틴 어의 콘체르타레concertare·'경쟁하다', '협동하다'라는 의미에서 나온 말이지요. 차이코프스키의 바이올린 협주곡, 모차르트의 피아노 협주곡 등이 있어요. 협주곡에서는 하나의 독주 악기와 관현악기가 마치 서로 다른 팀이 되어서 경쟁하면서도 때로는 협동하듯 음을 주고받으며 아름다운 음악 세계를 만들어 냅니다. 비발디의 바이올린 협주곡인 '사계'와 바흐의 '브란덴부르크협주곡'은 어린이들에게 익숙할 정도로 아주 유명하지요.

장편 동화처럼 구성된 '교향곡'

교향곡symphony은 무엇일까요? 관현악을 연주할 수 있도록 만들어진 큰 규모의 곡으로 베토벤의 합창 교향곡, 슈베르트의 미완성 교향곡 등이 있지요.

여기서 여러분이 꼭 알아야 할 두 가지가 있어요. 하나는 '관현악기'가 무엇인지 알아야 해요. 관현악기는 관악기와 현악기를 통틀어서 말합니다. 관악기는 입으로 불어서 관 안의 공기를 진동시켜 소리를 내는 악기로 목관 악기와 금

더블린
필하모닉 오케스트라

관 악기가 있어요. 리코더, 플루트, 클라리넷 등 아주 다양하지요. 현악기는 줄을 켜거나 타서 소리를 내는 악기로 우리나라의 가야금이나 거문고, 서양의 바이올린, 첼로, 비올라 따위를 말합니다.

다른 하나는 교향곡의 구성입니다. 교향곡은 마치 '발달, 전개, 절정, 결말'의 형식을 갖춘 장편 동화나 소설처럼 짜임새가 있지요. 기본적으로 4악장으로 이루어져 있어요. 1악장은 대부분 조금 빠른 흐름이거나 무게감 있게 시작되지요. 2악장은 1악장보다 조금 느리거나 부드럽습니다. 3악장은 춤곡이 많고, 마지막 4악장은 1악장보다 더 빠르거나 장중하게 막을 내리지요. 물론 모든 교향곡이 똑같지는 않아요.

여러분이 교향곡을 들을 때마다 이 차이점을 발견하는 것은 즐거운 일이 될 것입니다. 특히 세계 3대 교향곡인 베토벤의 제5번 운명 교향곡, 슈베르트의 제8번 미완성 교향곡, 차이코프스키의 제6번 비창 교향곡을 들어 보면서 비교 감상해 보아요.

평화의 시대에는 음악도 미소 지어요

오늘은 마지막 음악 여행입니다. 아쉽고 할 이야기도 많지만 이제는 '글' 대신 '음악'을 들어야겠지요. 음악의 지난 역사를 따라 이야기하는 것도 좋지만 어린이들을 위해 조금 더 가까운 시대인 근대와 현대로 음악 여행을 떠나 볼까요?

전쟁이 나면 음악도 달라진다?

지금 우리가 사는 시대에서 조금 더 전 시대를 가까울 근近 자를 써서 '근대'라고 합니다. 근대 음악 modern music은 1890년 즈음부터 제1차 세계대전이 끝날 때까지 약 30년 동안에 일어난 새로운 음악입니다. 중세나 고대 시대에 비하면 너무 짧은 시간이지만 음악적으로는 표현 방법 등이 정통적인 기법을 깨뜨리는 등 많은 변화가 일어났지요. 장 시벨리우스 J. J. 시벨리우스, R. 슈트라우스, A. 쇤베르크의 음악을 들어 보면 고전 음악으로 유명한 바흐나, 베토벤, 모차르트의 음악과는 다르다는 것을 금방 느낄 것입니다.

전쟁과 급속하게 빠른 경제 변화와 사회 질서의 움직임 등이 음악에도 큰 영향을 미친 것이지요.

현대 음악 contemporary music 은 어떠할까요? 현대 음악을 '20세기 음악'이라고도 하는데 가장 큰 특징은 '무조음악'입니다. '무조'는 장조나 단조 등에 의하지 않고 작곡되는 음악을 뜻하지요. '조성 으뜸음 및 그 화음에 따라 결정되는 곡조의 성질'이 없어 '도·레·미·파·솔·라·시'라는 7음계 일정한 음정의 순서로 음을 차례로 늘어놓는 것 대신 12음계를 사용하지요. 으뜸음 음계의 첫째음인 중심음과 3화음인 으뜸화음, 버금딸림화음, 딸림음 등 기본적인 음색을 이루는 기초가 사라졌지요.

앞으로 음악은 어떤 모습으로 변하며, 어떤 소리를 창조해 낼까요? 전쟁과 평화, 발전과 가난, 핵무기와 환경 운동, 눈부신 과학과 원시 세계에

아르놀트 쇤베르크의 LP,
쇤베르크는 12음 기법을 만든 작곡가이다.

리하르트 슈트라우스 (왼쪽)와 장 시벨리우스

대한 동경 등 수많은 문화 충돌과 갈등 속에서도 음악은 절대 사라지지 않는 예술입니다. 왜냐하면 인간이 말하고 웃고 울고, 자연이 비를 내리고 바람을 부르고, 폭풍을 일으키는 이상, 소리와 리듬은 멈추지 않으니까요.

노래와 춤을 추며 하늘에 기도하다

이제 짧은 시간이나마 우리나라의 음악 여행을 해 보아요. 고구려는 10월에 '동맹'이라는 제천 의식을, 동예는 '무천', 부여는 은정월12월에 '영고'라는 의식을, 그리고 마한에서는 모를 심는 5월과 10월 추수 때 제사를 지냈지요. 이 때마다 사람들은 노래하고 춤을 추었답니다. 그 노랫말은 무슨 내용이며, 가락은 어떠했을까요?

지금 그것을 복원할 수는 없습니다. 하지만 당시 문헌이나 그림 등을 보면 그 당시의 음악이 어떠했을지 짐작할 수 있지요. 우선, 고구려 벽화를 살펴볼까요? 왕산악이 진나라에서 보내온 칠현금을 개량_{나쁜 점을 보완하여 더 좋게 고침}하여 곡을 지어 연주하자, 검은 학이 날아와 춤을 추었다고 해서 이 악기를 '현학금_{이후 '현금'으로 불림}'이라고 불렀지요. 또, 벽화에는 높은 사람의 행렬에서 말을 타고 북을 연주하는 사람, 배소_{아악기에 속하는 관악기의 하나}를 부는 사람, 짧은 나팔과 작은 뿔 나팔을 부는 사람, 긴 젓대_{대금 · 우리나라의 전통적인 목관 악기 가운데 하나}를 부는 사람 등 여러 가지 모양의 금속 악기와 타악기와 북을 연주하는 사람들이 등장합니다.

통일 신라의 음악 문화는 '삼현 삼죽'이라고 합니다. 삼현은 3개의 현악기인 거문고, 가야금, 향비파이고 삼죽은 3개의 관악기인 대금, 중금, 소금입니다.

고려와 조선 시대에는 주로 불교 음악과 궁중 음악이 발달했습니다. 이후에 음악은 누구나 즐길

가야금을 연주하는 토우
흙으로 만든 인형가 붙은
항아리인 토우장식장경호
(국보 제195호)

수 있는 놀이이자 예술로 자리 잡아 갔지요. 특히, 조선 후기로 가면서 왕실 중심의 음악이 민간으로 확대되었습니다. 우리나라 사람들은 타고난 음악가들이니까요.

조선 시대의 민간 음악은 평민 계층에서 즐겼던 농악, 판소리, 민간 신앙인 굿에서 사용하던 음악과 궁중 음악이 민간으로 확대되었다고 볼 수 있는 거문고와 가야금 등을 이용한 상류 계층의 음악이 있습니다. 조선의 사상과 문화를 이끌던 선비들이 거문고를 배우며 몸과 마음을 다스렸고, 일반 백성들은 판소리와 굿판 음악을 생활 속에서 즐겼지요. 특히, 판소리는 많은 사람들에게 사랑을 받았어요. 판소리 전문 소리꾼도 등장하고 판소리 대본인 사설집이 유행하기도 했지요. 굿판 음악은 서민들의 소망을 하늘에 전해준 매개체로서 그 지역마다 특성있게 발전하였습니다.

TIP!

3

글로써 세상을 변화시킨다, 문학

글, 한 번에 술술 써지지 않는 이유는?

이제, 문학 여행을 시작합시다. 그럼 늘 우리가 그랬듯이 먼저 '문학'이 무엇인지 알아보아요. 문학 文學·글월 문, 배울 학 의 국어사전 풀이는 '사상이나 감정을 언어로 표현한 예술. 또는 그런 작품. 시, 소설, 희곡, 수필, 평론 등을 말한다.'입니다. 영어로는 'literature'이지요. 이 단어는 라틴 어 'litera 리테라·문자로 기록된 모든 저작물'에서 시작되었습니다.

작가, 누구나 될 수 있어요

그렇다면 문학이란 이름을 가지려면 우선 '글 문자'이 있어야겠지요. 글자 없이 전해져 내려오는 시나 이야기는 '입 구口'자를 써서 구전 문학, 구비 문학이라고 하지요. 하지만 이런 문학은 결국은 글자로 기록이 되어 지금까지 남아 있고, 앞으로도 계속 전해질 것입니다. 이렇게 '글', '문자'라는 조건 때문에 춤이나, 미술, 노래, 연극, 영화와는 달리 '예술'보다는 '문학'이라는 이름이 붙여지는 것입니다. 지금은 쉽고 편리하게 사용하느라 사람들이 통틀어서 '예술', '예술가'라고도 하지요.

만약 여러분이 날마다 노트에 시 한 편을 적는다면 여러분은 시인이자 예술가입니다. 가족과 여행을 할 때마다 그 과정을 기록하여 두툼한 페이지가 되었다면 여러분은 여행 기록자이자, 작가가 된 셈이지요. 그러고 보면 사실 작가라는 것은 특별한 직업이나 특권이 아닙니다. 누구나 자기의 생각과 느낌, 주장과 바람을 글로 표현한다면 작가이지요.

공부 · 생각하는 시간이 필요해!

그런데 참 이상한 일이 있습니다. 마음 같아서는 자기 생각과 느낌을 글로 술술 써 내려갈 것 같은데……. 쉽지 않지요? 노래방에 가면 서로 노래를 많이 부르려고, 잘 하려고 경쟁도 하고, 다툼까지 하지요. 친구가 미워지면 그 친구의 흉을 보다가 자기도 모르게 없는 흉까지 지어내서 말하기도 합니다. 대부분의 사람들은 즉흥적으로 말하고, 노래하고, 춤추고 하는 것은 어려워하지 않습니다. 그냥 떠오르는 대로, 요즘 말로 하면 '필feel'이 떠오르는 대로 말하고, 움직이고, 그럽니다. 하지만 '글' 앞에서는 많은 사람들이 몸을 움츠립니다. 먼저 글을 쓰겠다고, 많이 쓰겠다고 경쟁하거나 다투는 것을 나는 단 한 번도 본 적이 없습니다. 단 한 번도! 글을 쓰라고 하면 한숨을 쉬거나, 얼굴 가득 짜증을 담아내지요.

이런 현상이 왜 일어나는 걸까요? 어린이와 청소년을 위해 글을 쓰는 작가인 제가 답할 수 있는 것은 '생각하는 과정을 힘들어하기 때문입니다. 즉, '읽고, 쓰는 것'은 흥에 겨워 그냥 몸으로 할 수 있는 작업이 아니니까요. '문학'에는 '배울 학學' 자가 들어 있듯이, 글을 잘 쓰려면 공부하듯 집중하고, 생각하고, 연구하는 시간이 반드시 필요하답니다.

글감에 대해 깊이 생각하기

자, 그럼 이제부터 여러분이 '엄마'에 대한 산문이나 시를 쓴다고 상상해 보아요.

그러기 위해서는 먼저 무엇이 필요한가요? 그렇죠. 글감인 '엄마'에 대해 생각해야지요. 어린이들마다 다르겠지만 가장 보편적인 예를 들어서 설명할게요.

'엄마에 대한 글을 쓰려고 생각하다 보니 나도 모르게 '엄마'하고 속으로 불러 본다. 그러자 오늘 아침, 학교 오기 전에 있었던 일이 생각난다. 내가 만날 늦잠 잔다고 나를 혼내고, 용돈도 안 준 미운 엄마! 그리고 보니 엄마는 늘 나만 야단 쳐! 공부 잘하는 누나한테는 천사처럼 대하면서! 나쁜 엄마! 이렇게 생각하니까 그동안 엄마한테 섭섭했던 일들이 자꾸자꾸 떠오르네!

어? 그런데 이런 적도 있었잖아. 내가 시험을 망쳐서 엉엉 울면서 집에 왔을 때에 엄마가 야단치는 대신에 나를 꼬옥 안아 주면서 "괜찮아, 괜찮아."라며 달래 주었잖아. 전에 새 운동화를 사고 싶다니까 엄마 구두 살 돈으로 사 준 적도 있고. 엄마의 좋은 점도 많네. 어떻게 하지? 엄마에 대한 이야깃거리가 정말 정말 많은데······. 무슨 얘기를 쓰지?'

이러면서 글감에 대해 집중해서 깊이 생각을 하는 첫 과정을 거쳐야 합니다. 그런데 이것만으로는 절대 작품을 완성할 수 없지요.

호메로스의 대서사시가 여전히 사랑받는 이유는?

    한 벌의 옷을 짓는 과정을 생각해 보아요. 아름다운 옷감과 실과 바늘 등을 준비해야겠지요. 그러나 아무리 어마어마하게 비싼 비단 옷감이나 그 옷에 장식하는 눈부신 다이아몬드 장식품이라도 그것만으로 좋은 옷을 지을 수는 없습니다. 진정으로 좋은 옷은 목적이 분명해야 지을 수 있습니다. 즉, 누가 입을 것인지 알아야지요. 남자인지 여자인지, 어른인지 아이인지, 뚱뚱한지 마른 체형인지, 키가 큰지 작은지, 피부색이 어떠한지, 어느 계절에 입을 계획이며, 무슨 자리에 입을 것인지? 심지어는 성격이 털털한지 얌전한지 등 수많은 것을 조사한 다음에야 옷을 지어야 좋은 옷이 되는 겁니다. 글도 마찬가지입니다. 글을 쓰려는 이유와 목적을 정한 다음에 신선하고 멋진 소재를 골라야겠지요.

신화와 설화로 시작된 글쓰기

그렇다면 인간의 첫 글쓰기는 어떠했을까요? 분명한 목적을 생각하고 글을 썼을까요? 아니면 그저 내 슬픔이나 기쁨 등을 적었을까요? 또는 누군가에게 보낸 편지로 시작되었을까요?

사실, 이 문제에 대해 누구도 '이것이다'라고 확신하기 힘듭니다. 왜냐하면 우리는 '남아 있는' 자료를 가지고 말할 수밖에 없으니까요. 이처럼 기록되어 보존된 자료만을 근거로 살펴볼 때에 인간의 최초 문학 활동이라고 볼 수 있는 것은 바로 신화나 설화입니다.

여러분은 『어린이 인문학 여행 1권』을 통해 신화 여행을 했습니다. 그때 서양 문화의 커다란 두 줄기에 대해 알아보았죠. 기억나지요? 헬레니즘과 헤브라이즘!

그럼 먼저 헬레니즘 세계 속에서 발전한 문학 여행을 하지요. 그리스 신화와 문학이라는 두 코스가 있는데 1권에서 신화 여행을 했으니, 이번에는 문학 여행을 해 봅시다.

『일리아스』의 삽화

참, 여러분이 꼭 읽어 봐야 할 책이 있어요. 그리스 신화에 대한 가장 오래된 자료가 담겨 있으며 이제는 문학 책처럼 읽을 수 있는 책입니다. 고대 그리스의 서사시인 헤시오도스가 쓴 『신통기 Theogony·神統記』이지요. 책 제목이 신통기라 해서 신통방통한 이야기를 모아 놓은 것은 아닙니다. 하늘과 땅이 만들어진 천지창조 이야기부터 300명이 넘는 신의 탄생 과정을 담은 신들의 계보에 대해 쓴 책이지요. 그리고 인간의 탄생 과정을 계통적으로 서술한 작품입니다.

『오디세이아』의 삽화

그리스 문학, 서양 철학을 낳다?

자, 그럼 본격적으로 헬레니즘 문학을 살펴보아요. 그리스 문학은 크게 세 가지 기둥이 있습니다. 서사시, 비극, 희극이지요.

서사시는 '펼쳐 보인다'는 의미로 펼 서敍, 일 사事, 시간 시詩의 한자 뜻처럼 긴 이야기를 시로 쓴 것이지요. 대부분 역사적 사실이나 신화, 전설, 나라의 건국 이야기, 영웅의 일 등을 기록한 것입니다.

세계 최초의 서사시는 기원전 800년 즈음 고대 그리스의 시인 호메로스가 쓴 '일리아스'와 '오디세이아'이지요. 이 방대한 이야기를 여러분이 다 읽지는 못했어도 가장 중심

되는 줄거리는 모두 알고 있을 겁니다. 만화나 영화, 그림책과 동화책을 통해서요. '어? 난 모르는데?'하고 고개를 갸웃하는 어린이가 있네요. 그럼 '트로이아 전쟁', '트로이아의 목마'에 대해 들어본 기억은 나는지요? 이제 고개를 끄덕이는군요. 전쟁을 주제로 한 이 대서사시는 작은 나라 그리스에서 시작되었지만 전 유럽은 물론 전 세계에 널리 퍼졌습니다. '일리아스'와 '오디세이아'라는 서사시는 단순히 읽혀지는 문학 작품을 넘어서 서양 사람들의 정신세계, 철학 정신에까지 영향을 미쳤지요. 즉, 서양 사람들의 모든 것 심지어는 일상적인 삶의 모습에까지 태양빛처럼 놀라운 힘을 미치고 있습니다. 지금도 그렇지만 아마 지구가 사라지기 전까지는 그 영향력은 계속될 것입니다.

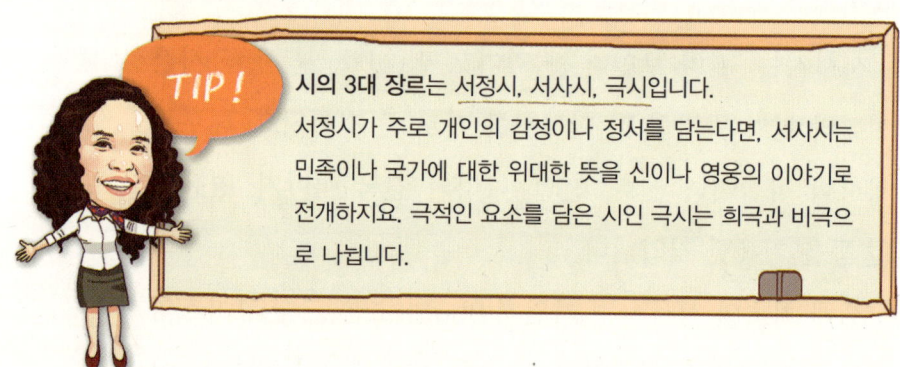

TIP!
시의 3대 장르는 서정시, 서사시, 극시입니다. 서정시가 주로 개인의 감정이나 정서를 담는다면, 서사시는 민족이나 국가에 대한 위대한 뜻을 신이나 영웅의 이야기로 전개하지요. 극적인 요소를 담은 시인 극시는 희극과 비극으로 나뉩니다.

영웅의 슬픔, 시로 읊어 볼까?

서정시란 무엇일까요? 국어사전에는 '개인의 감정이나 정서를 주관적으로 표현한 시이다. 서사시, 극시 극적으로 표현한 시와 함께 시의 3대 장르를 이룬다.'라고 풀이 되어 있지요. 그렇다면 '개인의 감정과 정서'는 무엇일까요? 인간이 삶을 살아가면서 겪는 모든 종류의 일과 그때마다 일어나는 마음의 움직임을 말하지요. 죽고 태어나고, 사랑하고 헤어지고, 망하고 흥하는 일 등을 겪으며 느끼는 기쁨과 슬픔, 만족감과 허탈함, 외로움과 편안함 등의 감정을 말합니다. 이 모든 것에 대해 노래하는 것이 서정시입니다.

고대 그리스의 서정시인 중에서는 기원전 6세기 여류 시인인 '사포'가 가장 유명합니다. 철학자 플라톤은 사포의 시가 너무 아름다워 그리스 신화에 나오는 9명의 무사이의 뒤를 잇는 '10번째 무사이'라는 별명을 지어 줬지요.

무사이
고대 그리스 로마 신화에서 시, 음악 등 예술 분야를 관장하는 아홉 명의 여신들

용맹스럽지만 죽음을 맞는 영웅들

이제는 극시에 대해서 알아보아요. 극시는 비극과 희극으로 나뉘며, 그리스의 비극은 지금까지 전 세계 사람들에게 읽힐 정도로 유명합니다. 비극은 '슬플 비悲'자를 사용할 만큼 슬픈 내용의 시이지요.

기원전 5세기에 활약한 '3대 비극 시인'이 가장 유명합니다. 3대 비극 시인에는 가장 선배이면서 마라톤 전투에도

시를 서로 교환하며 노래하는 사포와 알카이오스

(왼쪽부터) 아이스킬로스, 소포클레스, 에우리피데스

참가한 아이스킬로스, 그리스 비극의 완성자로 알려진 소포클레스, 인간의 문제를 주로 다룬 에우리피데스가 있습니다. 세 명의 시인은 저마다 뛰어난 글솜씨와 이야기로 아름다운 비극을 썼지만 그들의 글에는 공통점이 있습니다. 주인공과 중요 인물들은 대부분 뛰어난 머리, 어떠한 적도 물리칠 수 있는 건강한 몸과 무술 실력을 갖추었습니다. 게다가 주인공은 자신의 이익이나 안전보다는 나라와 공동체의 행복을 위해 투쟁하는 커다란 마음을 가진 영웅이지요. 하지만 비극이다 보니 결국은 주인공이 죽거나 사랑이 깨지는 등 슬픈 끝맺음을 하게 됩니다. 소포클레스의 '오이디푸스 왕'이나 '안티고네'의 주인공들이지요.

웃으면서 권력자를 비판하다

비극에 이어 희극 이야기를 해 볼까요? 그리스 사람들은 토론하고 철학 이야기를 주고받는 것을 좋아했지요. 대화의 소재 중 연극을 주제로 한 것이 많았어요. 해마다 디오니소스 극장에서 열린 연극 대회는 극장이 무너질 정도로 많은 관중이 몰렸답니다. 지금도 유럽 사람들은 독서와 토론을 하거나 연극을 보는데 시간을 많이 보내지요.

희극은 비극보다 훨씬 대중적이었습니다. 속어나 상스러운 말들이 사용되었지요. 동식물 등 자연을 의인화하기도 했어요. 지도자들이나 권력자들의 잘못이나 부정부패에 대한 비판과 풍자를 하다 보니 그럴 수밖에 없었을 겁니다. 유명한 희극 작가로는 아리스토파네스, 메난드로스가 있습

아테나이에 있는
디오니소스 극장

니다. 고대 그리스의 희극 작가들은 대부분 사회 모순을 고발하는 작품을 쓰면서 무조건 세상을 아름답게만 묘사하는 작품들을 비판하기도 했지요.

문화의 힘은 칼보다 세다

이렇게 그리스 문학은 아름답게 꽃피우며 열매를 맺어 갔습니다. 그러나 '한니발 전쟁'에서 이긴 로마가 그리스를 그냥 두지는 않았습니다. 그리스가 지배했던 고대 지중해와 아시아까지 차지했지요. 하지만 전쟁의 월계관 경기의 우승자에게 씌여 주던 관은 로마가 가져갔을지 몰라도 문화의 월계관은 여전히 그리스가 지키고 있었어요. 오히려 로마는 그리스의 문화에 정복당했답니다. 문화가 가진 힘은 날카로운 칼도 힘을 잃게 만들지요.

메난드로스의 모습이 새겨진 주화

신이 아닌 인간에 대한 이야기

오늘은 그리스 문학과 어깨를 나란히 하는 헤브라이즘 문학과 르네상스 문학을 여행해 보아요.

헤브라이즘에 대해서는 지난 철학 여행을 통해서 어느 정도 살펴보았습니다. 자연의 아름다움, 인간들의 여러 가지 이야기보다는 창조주에 대해 생각하여 글로 쓴 것이 특징이지요. 그래서 이 문학의 본질은 '양심의 엄격함'이라고도 말합니다. 가장 대표적인 헤브라이즘 문학은 성경이지요. 특히 구약 성경입니다. 신약 성경은 그리스 어로 쓰여졌습니다.

'신'을 사랑하다

구약 성경은 '예수 그리스도' 탄생 전 이스라엘 역사를 담았습니다. 아시아 가장 끝 지점에 사는 우리도 헤브라이즘 문화에 얼마나 많은 영향을 받았는지 모릅니다. 원죄, 뱀, 에덴동산, 노아의 홍수, 거인 골리앗, 사탄악마, 천사, 지옥 등에 대해 들어 보지 못한 사람은 드물 거예요.

성경 속의 수많은 이야기들이 자연스레 우리의 삶 속에 드러납니다. 아우구스티누스, 토마스 아퀴나스, 사도 바울 등이 쓴 신과 인간에 대한 이야기들은 헤브라이즘 문학으로 거대한 열매를 맺게 되지요. 만약 이 세 사람이 없었다면 헤브라이즘 문학은 완전히 다른 모습이 되었을 거라고 말합니다.

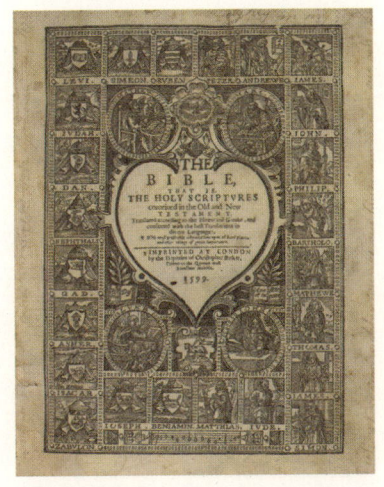

1599년에 출간된 성경

다투고 사랑하는 우리 인생을 담다

사람들은 점차 엄격한 양심의 소리, 절대적인 창조주에 대한 복종을 다룬 문학만을 즐기지 않았습니다. 흥미진진한 인간의 이야기를 다룬 작품에 관심을 갖게 됐지요. 사랑과 용감한 기사들의 이야기가 담긴 '기사 문학'과 종교 생활 뒤

기사 문학
『아서왕과 원탁의 기사들』, 『트리스탄과 이졸데』 등이 대표적이다.

풍자 문학
『켄터베리 이야기』, 『데카메론』 등이 대표적인 풍자 문학이다.

단테 알리기에리

에 감추어진 인간의 온갖 추악한 면, 이중성 등을 다룬 '풍자 문학' 등을 읽는 즐거움에 푹 빠진 사람이 늘었지요.

이 가운데 이탈리아의 단테가 쓴 『신곡』이라는 작품이 가장 빛납니다. 이 작품이 아니었다면 '이탈리아 어'가 제대로 존재하지 못했을 정도라고 할 만큼 위대한 작품입니다. 중세의 모든 작품을 다 합쳐도 이 한 권에 비교할 수 없다고도 하지요. 단테의 작품은 르네상스 문학을 시작하는 종소리였습니다. 르네상스 문학의 주인공은 '인간'이었지요. 사람들은 인간 스스로에 대해 생각하고, 좋은 점이든 나쁜 점이든 다 드러내며 이야기했습니다. 숨겨 왔던 남녀의 사랑 이야기도 거침없이 글로 썼지요. 위선자처럼 행동하는 교황과 성직자들을 두려워하지 않고 비판했습니다. 왕족과 귀족, 부자들의 못된 행위를 고발했습니다.

때맞추어 이 시대에 '인문학'이 시작되었습니다. 에라스무스, 토마스 모어, 셰익스피어 등 현대 세계의 그 누구도 감히 따라가기 힘든 위대한 인문학자와 작가들이 나타났습니다.

책 여행을 떠나요

작가를 꿈꾸는 여러분도 이런 위대한 작품을 쓰고 싶을 겁니다. 물론 나도 그렇지요. 하지만 유명해지고 싶은 욕심으로 글을 쓴다면 좋은 작품이 나올 수 없습니다. 글은 곧 그 사람의 마음과 영혼인데, 그러한 욕심의 마음과 영혼을 가지고 글을 쓴다면 결코 좋은 글이 나올 수 없겠지요.

베스트셀러라고 무조건 좋은 작품이 아닙니다. 좋은 작품은 많이 팔리고 팔리지 않고를 떠나서 사람을 아름답게 변화시키는 힘을 가졌습니다. 지금도 도서관에는 셀 수 없을 정도로 많은 책이 있습니다. 그 책들 속에서 참으로 좋은 책인데도 베스트셀러가 아니라서 사람들이 잘 알지 못하는 책들이 아주 많습니다. 여러분도 그저 '남들이 읽으니까 나도 읽는다.'라는 생각으로 책을 읽기 보다는 숨겨진 좋은 책을 찾아 가는 책의 여행을 가끔씩 해 보면 어떨까요?

시민이 주인공으로

종교는 음악과 미술 세계에서 그랬던 것처럼 문학 세계에서도 큰 영향을 미칩니다. 마치 우리 몸에 흐르는 피처럼 말이지요. 종교는 르네상스 이후 잠시 등장한 고전주의 문학에도 큰 영향을 미쳤답니다.

이성과 합리성을 강조한 '고전 문학'

고전주의 문학은 르네상스 문학처럼 그리스 로마 문화를 존중했습니다. 그래서 이성과 합리성을 중요시했지요. 로마 구교 가톨릭에 대항해 점점 널리 퍼지고 있는 신교 프로테

스탄트는 교황권보다는 왕권을 더 강조하는 미술이나 문학을 발전시켰지요. 이때의 유명한 비극 작가는 라신 프랑스 고전주의의 어머니과 코르네이유 프랑스 고전 비극의 완성자이며, 희극 작가는 몰리에르 본명은 장 밥티스트 포클랭이지요. 특히 몰리에르의 『수전노』라는 작품은 지금까지 연극 무대에 올릴 정도로 유명합니다.

몰리에르

영국은 프랑스의 고전 문학의 영향을 받았습니다. 청교도 혁명까지 발생하면서 고전 문학이 꽃을 피웠지요. 영국 시인 존 밀턴이 지은 『실낙원』아담과 이브가 지옥을 탈출한 사탄에게 속아서 죄를 짓고 에덴 동산에서 추방되었다가 그리스도를 통해 구원받는 과정을 그린 대서사시과 영국의 종교 작가 존 버니언이 쓴 『천로역정』이 꽃 중의 꽃입니다. 이 작품들은 기독교적인 이상주의와 청교도적 세계관을 강하게 전하지요. 또한 영국 근대 소설의 발전에 큰 밑거름이 됩니다.

청교도 혁명
1649년에 영국에서 청교도가 중심이 되어 일어난 혁명. 크롬웰이 인솔한 의회파가 왕당파를 물리치고 공화 정치를 시행하면서 절정에 이르렀으나, 1660년에 크롬웰이 죽자 왕정으로 되돌아갔다.

산업 혁명이란 새로운 바람…… 시민을 성장시켜

이렇게 고전주의 문학이 꽃을 피우는 때에 새로운 바람이 불어옵니다. 산업 혁명이지요. 산업 혁명은 왕족이나 귀족이

아닌 보통 사람, 시민이라는 새로운 계급을 만들어 내지요. 예전에는 귀족만이 예술을 즐기거나 예술 작품을 소유할 수 있었어요. 그러나 이제는 돈만 있으면 누구나 예술을 가까이 할 수 있고 즐기게 됐습니다. 일반인도 문화를 향유하면서 차츰 시민 문화가 생기게 됩니다. 산업과 과학의 발달로 좀 더 이성적이고 합리적인 예술 세계가 열렸습니다. 인쇄 기술의 발달로 누구나 신문과 잡지를 읽으며 정보와 의견을 주고받는 활동도 가능하게 되었지요.

이 시기 사상적 기초를 마련한 사람은 영국의 사상가인 토마스 홉스와 존 로크입니다. 홉스의 『리바이어던』과 로크

존 밀턴이 쓴 『실낙원』의 연옥(왼쪽)과 천국 삽화

의 『시민정부론』에서는 신이 아닌 인간의 권리, 왕권보다는 인간의 자연권 인간이 태어나면서부터 가지고 있는 권리이 더 중요하다고 주장하고 있습니다.

모든 인간은 존엄하다

이처럼 거센 사상과 정치의 변화 속에서 계몽 문학이 등장했지요. 18세기에 유럽의 문학 세계를 이끈 합리주의 문학이라고도 할 수 있는 계몽 문학은 영어로 'literature of enlightenment'라고 합니다. 여기서 'enlightenment'는 '깨우침, 이해'라는 의미를 갖고 있지요. 하지만 계몽 문학이 철학처럼 무엇인가를 가르치려고 한다는 뜻은 아닙니다. 그동안 신이나 왕에게 외면당해왔던 보통 사람들의 생각과 판단, 인간의 존엄성에 대해 알려 주는 것이지요. 더불어 귀족과 왕족, 종교 지도자의 위선과 부정부패도 문학 작품에 담아냈습니다.

계몽 문학으로 가장 유명한 작품은 영국의 풍자 작가 조너선 스위프트의 『걸리버 여행기』입니다. 스위프트는 작품 속에서 당시 타락하고 부패한 영국 사회의 모습을 거침없이 드러내며 비판합니다. 영국의 소설가인 다니엘 디포는

걸리버 여행기 삽화

『로빈슨 크르소』에서 보통 사람도 얼마든지 역경을 이겨내며 운명을 개척할 수 있다는 것을 보여 줍니다. 바로 이런 점이 계몽 문학의 특징입니다.

사람들은 이런 문학 작품에 환호했습니다. 자기 나라 말로 쓰인 책을 출판하고 사서 읽으며 책 읽는 사회가 생겨났지요. 이전에는 거의 모든 책이 그리스 어나 라틴 어로 쓰여 있어서 귀족 외에 시민들은 이런 책을 읽을 수 없었거든요.

인간은 누구나 평등하고 자유롭다!

프랑스에서는 작가 '프랑수아 마리 아루에'가 유명합니다. 우리에게는 필명 글을 써서 발표할 때 사용하는 본명이 아닌 이름으로 사용한 '볼테르'로 더욱 알려진 인물이지요. 프랑스의 계몽주의는 볼테르의 소설 『캉디드 순수함』에서 시작됐다고 해도 과언이 아닙니다.

지식 백과사전을 만든 볼테르

볼테르는 과학, 기술 여러 분야의 학문을 모아 하나의 체계로 완성한 '백과전서 백과사전'을 만들었습니다. 20년이 넘는

볼테르

기간 동안 도판 인쇄물에 들어가는 그림 11권을 포함해 대사전 30권을 완성했지요. 근대적인 지식과 사고 방식으로 사람들을 계몽 지식 수준이 낮거나 관습에 젖은 사람들을 깨우침 한 이 책들은 프랑스 대혁명의 정신적 지주 역할을 했습니다.

특히 이 책은 계몽사상가, 학자, 신부, 귀족, 의사, 교수, 군인, 작가, 사업가, 변호사 등 수많은 계층의 사람들 184명이 만든 책이라 그런 힘을 발휘했어요. 이들은 '백과전서파'로 불렸지요.

인간의 이성을 강조한 볼테르는 유난히 기독교를 싫어했어요. 100년 안에 기독교는 지구상에서 사라질 거라고도 했지요. 신학에 대해 강하게 비판하며 인간의 이성만을 강조하다가 급기야 당국의 탄압을 받기도 했지요. 하지만 볼테르가 죽고 나서 100년 뒤, 그의 책을 펴내던 인쇄기는 성경을 인쇄하는데 사용되었고, 그가 살던 집은 성경을 보관하는 창고로 이용되었습니다.

선량한 인간, 환경이 변화시켜

프랑스 계몽주의 역사를 말할 때 철학자이자 사회학자, 미학자, 교육론자인 '쟝 자크 루소'를 빼놓을 수 없습니다.

루소는 자본가 계급이 사회 주도권을 쥐고 봉건 제도 왕, 귀족, 가신, 교회, 영주, 농노로 계급이 나뉜 중세 유럽의 통치 제도를 타파하여 자본주의적 사회 체제를 확립하자는 부르주아 민주주의를 지지했어요. 더불어 시민의 평등과 자유를 강조했지요.

루소는 교육학 책인 『에밀』도 펴냈습니다. 『에밀』에서 루소는 인간의 본성을 자연과 어린이에 대한 생각을 통해 드러내지요. '아이'는 순수하고 때 묻지 않은 자연으로 여겨지면서 환경이 선량한 아이를 변화시킨다고 주장하지요. 때문에 교육이 필요하다는 그의 주장은 루소 철학에서 중요한 역할을 합니다.

루소는 청소년이 죄를 지으면 무조건 감옥에 보내지 말고 농촌이나 자연 속에 지내게 하면서 마음을 다스리는 교육을 시키자고 주장했어요. 지역마다 아이들을 위한 자연 놀이터를 만들자는 의견도 내지요. 예전에는 상상도 못한 생각들의 뿌리가 모두 루소에게서 나왔답니다.

미학자
미학은 자연이나 인생 및 예술 따위에 담긴 미(아름다움)의 본질과 구조를 해명하는 학문이고, 미학을 연구하는 학자가 미학자이다.

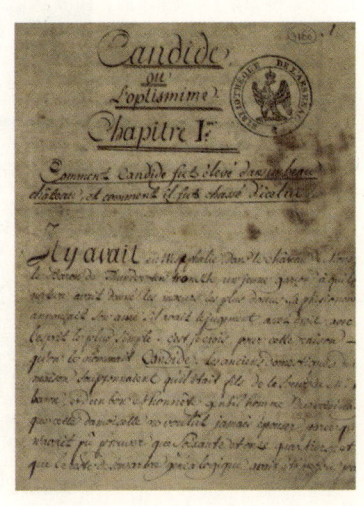

볼테르의 『캉디드』 원고

그런데 이상한 점은 루소가 차가운 아버지였다는 점이지요. 자신의 다섯 아이 모두를 고아원으로 보냈습니다. 끔찍하지요. 나중에 루소는 갖은 이유를 대며 변명했지만, 루소의 아이들은 버려진 아이들이 되었고 익명 이름을 숨김으로 자라났습니다. 참 기이한 일이지 않나요?

괴테 중심의 독일 문학 등장

계몽주의는 이렇게 어린이와 여자에게 사람답게 살 수 있는 터를 마련해 주었지요. 하지만 독일은 프랑스의 상황과는 아주 달랐습니다. 루터의 종교 개혁 뒤에 30년이란 오

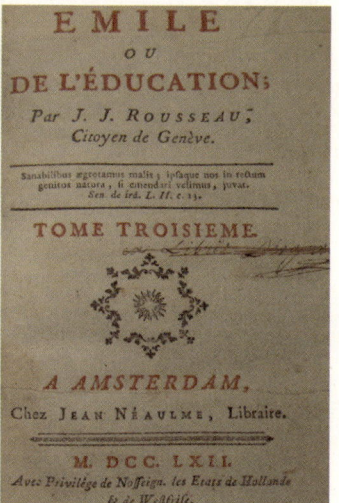

장 자크 루소와 1762년에 출간된 그의 저서 『에밀』

랜 세월을 전쟁으로 보내면서 계몽주의에 반대하는 흐름이 나타났지요. 감정을 존중하고 자아를 강조하는 이른바 질풍노도 _{폭풍과 압박}의 문학 운동이 일어났지요. 그 중심에는 세계적인 대문호 요한 괴테가 있었습니다.

> **프랑스 계몽주의**를 대표하는 두 인물은 '볼테르'와 '루소'입니다. 볼테르는 소설 『캉디드』로 프랑스 계몽주의 문학을 열었으며, 신 중심의 세계에서 벗어난 인간의 인성을 강조했습니다. 루소는 자본가 계급이 사회에서 주도권을 가져야 한다는 '부르주아 민주주의'를 꿈꾸었어요. 인간은 모두 선하게 태어나지만 환경에 의해 변하기 때문에 교육이 필요하다고 주장했지요.

TIP!

문학도 유행처럼 변한다

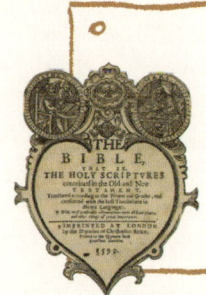

독일의 작가 괴테는 어른뿐만 아니라 어린이들도 잘 아는 작가입니다. 젊음과 자신의 못 다 이룬 꿈을 위해 악마에게 영혼을 판 『파우스트』, 나라를 구하기 위해 아들의 머리 위에 사과를 올려놓고 활을 쏜 『빌헬름 텔』, 슬픈 사랑 이야기인 『젊은 베르테르의 슬픔』 등을 쓴 괴테는 단테, 셰익스피어와 함께 세계 3대 작가로 존경받습니다.

인간의 감성 이야기한 낭만주의

낭만주의 작품들은 문학 예술의 역할에 충실했습니다. 즉,

인간의 감정을 충실하게 반영한 작품이었지요. 숨 가쁘게 발전하는 산업 사회 속에서 사람들은 개인의 감정과 생활을 더 중요하게 여기면서 예전 것들을 그리워하고, 신비로운 환상 등을 문학 속에서 찾고 싶어 했습니다.

여러분이 잘 알고 있는 독일의 그림 형제는 독일 낭만주의를 꽃피웠습니다. 그림 형제는 『독일 신화』, 『독일 전설』 등의 책을 펴내며 독일의 옛 문화를 발굴했지요.

영국에서는 시인들이 낭만주의 문화를 이끌었습니다. 윌리엄 워즈워스, 바이런, 셸리, 키츠 등이 대표적이지요. 영국 시인들은 신을 찬양하는 대신 인간의 세계를 아름답게 표현하는 시를 많이 썼답니다.

자메 티소트가 그린 『파우스트』의 삽화

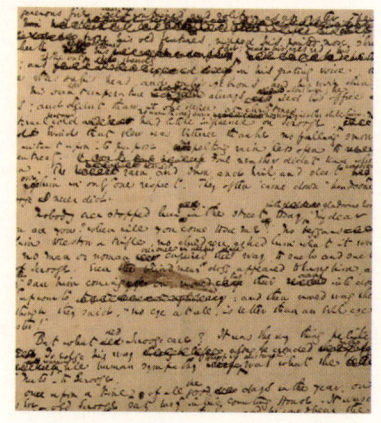

찰스 디킨스가 쓴
『크리스마스 캐럴』 원고

프랑스에서는 장편 소설 『레미제라블』, 『파리의 노틀담 노틀담의 곱추』 등을 쓴 빅토르 위고의 작품이 낭만주의를 대표합니다. 어린이들이 좋아하는 『삼총사』, 『몽테크리스토 백작』을 쓴 알렉상드르 뒤마도 유명하지요. 프랑스에서는 어느 나라보다 풍성한 낭만주의 작품들이 많이 탄생했습니다.

독립 전쟁에서 승리한 미국도 안정을 찾으면서 낭만주의 작품이 많이 등장했어요. 여러분이 꼭 알아야 하는 헨리 데이비드 소로의 『월든』이나 에머슨의 『자연론』이 그 문을 열었습니다.

인간의 맨 얼굴 담은 '사실주의'

하지만 사람들은 인간의 감정과 아름다움을 담은 낭만주의보다는 내 이야기, 내 주변의 이야기에 관심을 기울였지요. 생생한 삶의 단면이 담긴 '사실주의'는 그런 사람들의 바람을 충족시켜 주며 등장했어요.

『골짜기의 백합』이란 소설로 유명한 프랑스의 오노레 드 발자크와 소설 『보바리 부인』으로 알려진 귀스타브 플로베르는 작품을 통해 인간의 추악한 면을 그대로 보여 주었습니다. 문학이란 아주 고상한 것으로 여겼던 당시 사람들은 인간의 추악한 모습을 담은 작품을 읽고 큰 충격을 받았습니다.

영국에서는 『크리스마스 캐럴』, 『올리버 트위스트』, 『위대한 유산』 등으로 어른과 아이들 모두가 좋아하는 찰스 디킨스가 대표적인 작가이지요. 특이하게도 영국에서는 여성 작가들이 활약이 컸어요. 소설 『오만과 편견』을 쓴 제인 오스틴과 브론테 세 자매가 대표적입니다. 그 세 자매는 소설 『제인 에어』를 쓴 샬럿 브론테, 『폭풍의 언덕』을 쓴 에밀리 브론테, 시를 많이 쓴 앤 브론테이지요.

미국의 대표적인 작가로는 『톰 소여의 모험』, 『허클베리 핀의 모험』을 쓴 마크 트웨인이 꼽힙니다.

브론테 자매
(왼쪽부터) 앤, 에밀리, 샬럿 브론테. 이 그림을 삼남인 패트릭 브란웰 브론테가 그렸다. 오른쪽에서 2번째에 지워진 흔적이 바로 패트릭 브론테인데, 훗날 아버지와 다툰 후 지웠다고 한다.

러시아 문학, 국민을 깨우다

미국과 유럽에 자유로운 문학의 물결이 흐르는 동안 러시아는 어두움에 있었습니다. 하지만 슬라브 어 대신 일반 사람들이 사용하는 러시아 어를 글로 사용할 수 있게 되면서 문학이 빠른 속도로 변화했습니다.

특히 전제 정치 _{왕과 같은 지배자가 국가의 모든 권력을 장악하여 아무런 제한이나 구속 없이 마음대로 그 권력을 사용하는 정치 체제}가 무너지면서 문학은 사람들의 의식과 삶에 더욱 가까이 다가가지요. 뿌쉬낀, 똘스또이, 도스또예프스끼는 이 시기 러시아 문학을 대표하는 작가입니다. 뿌쉬낀은 러시아 문학을 서양 문학과 견주어도 손색이 없을 정도로 발전시켰고, 문학을 통해, 국민 의식을 변화시킬 수 있다고 믿었습니다. 똘스또이와 도스또예프스끼는 일상에서 글의 소재를 찾고, 사람들의 고민을 이야기로 엮어 사실주의 문학을 발전시켰지요.

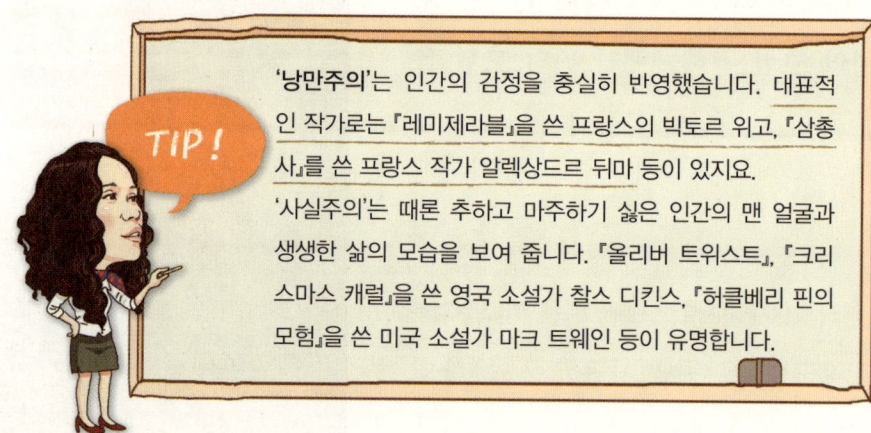

TIP!

'낭만주의'는 인간의 감정을 충실히 반영했습니다. 대표적인 작가로는 『레미제라블』을 쓴 프랑스의 빅토르 위고, 『삼총사』를 쓴 프랑스 작가 알렉상드르 뒤마 등이 있지요.
'사실주의'는 때론 추하고 마주하기 싫은 인간의 맨 얼굴과 생생한 삶의 모습을 보여 줍니다. 『올리버 트위스트』, 『크리스마스 캐럴』을 쓴 영국 소설가 찰스 디킨스, 『허클베리 핀의 모험』을 쓴 미국 소설가 마크 트웨인 등이 유명합니다.

진리는 하나가 아니야

문학은 끊임없이 변화합니다. 사실주의에 이어 19세기 말부터는 프랑스를 중심으로 자연주의가 등장합니다. 자연주의는 인간의 삶과 사회의 문제를 있는 그대로 묘사하는 데 중점을 두지요. 인간의 심리도 하나의 자연 현상으로 본 것이랍니다.

자연주의 작품들은 대부분 어둡고 인생의 슬픈 면을 조명하지요. 프랑스의 작가 에밀 졸라는 자연주의 문학을 대표합니다. 에밀 졸라는 『선술집』, 『제르미날』과 같이 가난한 사람들을 주인공으로 한 작품을 쓸 때는 파리의 가난한 노동자 마을에서 몇 년 동안 생활을 하기도 했지요.

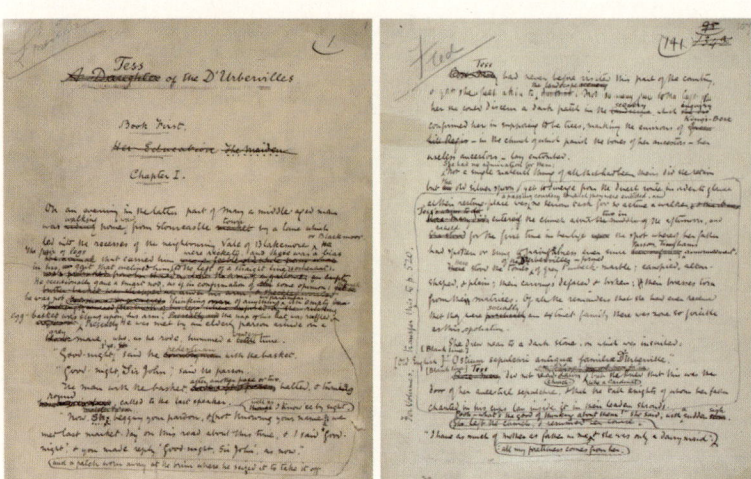

토마스 하디가 쓴
「테스」 원고

　영국에서는 토마스 하디라는 소설가가 자연주의를 대표합니다. 『귀향』, 『테스』 등은 아무리 시간이 흘러도 여전히 사람들의 사랑을 받고 있습니다. 그의 작품은 인간의 강인한 의지와 그것을 무참하게 짓밟는 운명 아래에서 벌어지는 갈등을 잘 보여 주지요. 대부분 비극을 다룬 그의 작품은 평론가들에게서 "고대 그리스 비극이나 셰익스피어 비극과 비교해도 손색이 없다."라는 평을 들을 정도랍니다.

정서나 감정을 '암시'로 표현

자연주의 이후에는 상징주의가 등장합니다. 상징주의는 사실주의나 자연주의와 같이 솔직하게 인간의 감정을 드러내는 것에 대해 반대하지요. 그래서 인간의 정서나 감정을 암시적으로 표현합니다. 상징주의가 '시' 분야에서 시작된 이유이지요. 시로 인간의 내면과 순간적인 감각을 묘사하다 보니, 기존의 형식이나 사상에서 벗어나 비판을 받은 작품이 있었습니다. 프랑스의 시인 보들레르의 『악의 꽃』은 나쁜 작품이라고 재판까지 받았지요. 아일랜드의 소설가인 제임스 조이스는 『더블린 사람들』, 『율리시스』 등의 작품을 냈지요. 하지만 그의 작품이 사람들에게 나쁜 영향을 준다고 하여 37년간 해외에서 살기도 했습니다.

원고 검토 중인
제임스 조이스(오른쪽)

인간의 주체성 강조하는 '실존주의'

상징주의에 이어 실존주의가 나타납니다. 실존주의는 인간의 주체성을 강조합니다. 인간의 이성, 주체성을 긍정하다 보니 자연히 신의 존재를 부정하게 되지요.

신에게서 벗어난 독립된 존재로서의 인간을 강조한 대표적인 철학가는 바로 샤르트르입니다. 철학은 실존주의 문학에도 영향을 줍니다. 프랑스의 소설가 알베르트 카뮈는 샤르트르처럼 무신론을 믿었지요. 카뮈는 작품을 통해 인간이란 우주에 홀로 있으며, 자신의 가치 기준을 자유롭게 결정하는 모습을 묘사했지요. 특히 그의 첫 소설 『이방인』에서 주인공 뫼르소는 자신의 욕망에 따라 행동합니다. 욕망에 충실한 뫼르소에게서 현대인의 모습을 발견할 수 있어요.

알베르트 카뮈

인간의 무한한 가능성을 열어라

20세기가 되면서 사람들의 마음과 정신은 더욱 복잡해졌어요. 경쟁이 심해 쉼 없이 일해야 했으니까요. 사람들은 겉으로는 말은 안하지만 외로웠고, 어떻게 사는 게 옳은 것인지 혼란스러웠어요. 종교에서도 평화를 찾지 못했지요.

이런 심리는 문학에서도 그대로도 나타났어요. 프로이트의 '정신 분석학'에 영향을 받아 인간의 심리를 파헤치는 데 힘을 쏟는 작품이 나오며, 그것이 하나의 흐름이 되었지요. 여러분에겐 다소 낯선 표현주의, 다다이즘, 구성주의 등이 이때 등장하지요.

결국 '진리란 없다.' 혹은 '진리는 하나가 아니다.'라고 주장하며 무한한 가능성을 여는 포스트모더니즘 시대가 막을 올렸어요. 여러분이 이 시대에 살고 있지요.

> **TIP!**
>
> **자연주의 문학**은 인간의 심리도 자연 현상으로 보며, 인간의 삶과 사회를 있는 그대로 보여 줍니다. 인간의 맨 얼굴을 지나치게 보여 주는 자연주의에 대한 반감으로 '상징주의'가 등장하지요. '실존주의'는 인간의 주체성을 강조하며, 현재 인간의 모습을 솔직하게 보여 줍니다. 대표적인 작가는 프랑스의 알베르트 카뮈. 이후 문학은 빠르게 변하는 세상처럼 변화하며, '진리란 존재하지 않는다.' 혹은 '진리는 하나가 아니다.'라고 주장하는 포스트 모더니즘 시대에 접어듭니다.

어린이를 위한 마음의 선물

　이제 여러분은 '아동 문학'이라는 어린이들의 나라로 여행을 떠납니다. 국어사전을 보면 아동 문학은 '아동이나 동심을 그리워하는 어른들에게 읽힐 것을 목적으로 창작된 모든 문예 작품, 즉 동요, 동시, 동화, 아동 소설, 아동극 등을 말한다.'라고 나오지요. 사실 아동 문학의 가장 중요한 목적은 '어린이에 대한 사랑'입니다. 또한 성인 문학과는 달리 어린이의 정신과 육체의 발달 과정에 맞추어 써야 하지요. 이런 모든 것이 바탕에 있지 않은 아동 문학은 있을 수 없답니다.

어른들도 즐겨 읽어요

아동 문학은 어린이뿐만 아니라 어른도 즐겨 읽습니다. 어른이 되어도 어린 시절의 마음과 추억을 영원히 잊을 수 없기 때문이지요. 하지만 아동 문학은 어린이를 위한 작품이기에 표현이나 소재와 주제가 완벽하게 어린이를 생각하고 쓸 수 밖에 없어요. 어떤 문제를 어린이 눈으로 바라보는 것에 중점을 두지요. 그러므로 소설과는 달리 어린이의 인성과 정서의 바탕 위에서 써야 하므로 문학성은 물론이거니와 '교육적', '계몽적'인 성격이 들어갈 수 밖에 없습니다.

루이스 캐럴의 『이상한 나라의 앨리스』 삽화

어른 문학, 어린이 위해 재탄생

그렇다면 언제부터 아동 문학이 시작되었을까요? 이 질문에 대한 '정답'은 찾기 힘들어요. 여러분이 좋아하는 각 나라의 신화나 전설, 전래 동화도 동화로 볼 수 있으니까요.

학자들은 아동 문학이 제대로 자리 잡은 것은 19세기 후반이라고 주장합니다. 아동 문학의 출발은 1697년에 프

(왼쪽부터)샤를 페로가 쓴
『거위 아줌마 이야기』의
삽화

랑스의 동화 작가인 샤를 페로가 쓴 동화집 『거위 아줌마 이야기』이지요. 어른, 아이 할 것 없이 모두 좋아한 이 동화집에는 『잠자는 숲 속의 공주』, 『장화 신은 고양이』, 『신데렐라』, 『엄지 공주』, 『푸른 수염』 등 총 8편의 작품이 실렸어요.

이 밖에 『로빈슨 크루소』, 『걸리버 여행기』 등도 처음에는 어른을 위한 작품으로 나왔지만 어린이를 위해 정리되어 아동 문학으로 재탄생했습니다.

18세기 말부터는 유럽에서 일어난 낭만주의 운동의 영향으로 동화의 세계가 더욱 풍요로워졌어요. 독일의 그림 형제와 러시아의 구전 문학 연구가이자 민속학자인 알렉산드르 아파나시예프가 어린이를 위한 글을 썼지요.

샤를 페로가 쓴 동화집

어른들의 세계와 위선을 이야기하다

덴마크의 한스 안데르센이 19세기에 등장하면서 아동 문학은 단순히 어린이를 즐겁게 해 주는 이야기에서 벗어나 이중적인 어른들의 세계, 위선 겉으로만 착한 척함적인 세상에 대해 비판하는 것은 물론 진정한 삶의 가치와 의로운 실천적 행동에 대해 알려 주지요. 안데르센의 작품은 문학성이나 아름다움을 추구하는 예술성도 잃지 않았습니다.

영국에서는 1865년에 근대 동화의 출발이라는 루이스 캐럴의 『이상한 나라의 앨리스』가 나왔고, 그 뒤로 로버트 루이스 스티븐슨이 쓴 『보물섬』과 위다가 쓴 『플랜더스의 개』라는 작품이 큰 사랑을 받았지요.

미국에서는 프랜시스 호지슨 버넷이 쓴 『소공자』와 『소공녀』가 무척 인기가 있었답니다. 특히 엄마들은 소공자의 주인공인 세드릭을 좋아해서 집집마다 동화책에 묘사된 세드릭의 옷차림을 자기 아이들에게 그대로 만들어서 입히는 게 유행이었다고 하네요. 그래서 '소공자룩'이라는 패션 스타일이 생겼지요. 마크 트웨인이 『톰 소여의 모험』, 『허클베리 핀의 모험』 등을 쓰면서 19세기 말에 아동 문학은 문학사의 한 자리를 완벽히 차지합니다.

이 외에도 각 나라에서 수많은 작가들이 어린이를 위해 『집 없는 아이』, 『하이디』, 『피노키오』, 『피터 팬』, 『정글 북』 등을 발표했습니다. 여러분, 어린이를 위한 마음의 선물인 아동 문학을 놓치지 마세요. 도서관이나 책방에 가서 여러분을 위해 쓰인 작품들을 꼭 읽어보길 바라요.

> **TIP!**
>
> '아동 문학'은 아동이나 동심을 그리워하는 어른들에게 읽힐 것을 목적으로 창작된 모든 문예 작품을 말합니다. 아동 문학은 1687년에 프랑스의 동화 작가 샤를 페로가 쓴 『거위 아줌마 이야기』라는 동화집에서 시작됐어요. 덴마크 작가인 한스 안데르센은 아동 문학이 단순히 즐거운 이야기만 다루는 것이 아니라, 인간의 위선, 이중성 등을 보여 주며 삶의 가치와 교훈을 전하도록 발전시켰지요. 미국 작가 마크 트웨인이 『톰 소여의 모험』, 『허클베리 핀의 모험』 등을 쓴 19세기 말이 되서야 아동 문학은 문학의 한 장르로 인정받습니다.

4

온 세상을 잇는 거대한 고리, 환경

환경, 인간·자연·우주를 잇는 거대한 고리

이제 여러분과 함께 '환경의 세계'로 인문학 여행을 시작합니다. 우리는 일상 속에서 환경이란 말을 자주 사용합니다. "요즘 환경이 너무 오염됐어.", "지구 환경이 계속 나빠지면 큰일인데!", "환경을 파괴하면서까지 발전해야 하나?" 등이지요. 이때의 환경은 자연환경 그 자체를 의미합니다.

또 다른 경우에도 환경이란 말을 하지요. "초등학교 주변에 아이들 교육에 안 좋은 업소들이 많아서 교육 환경이 좋지 않아요.", "부모님이 자주 다투는 가정 환경에서는 아이들의 정서가 불안정합니다.", "인터넷 환경이 좋아지려면 온라인상에서 글을 쓸 때 예의를 갖춰야 합니다."와 같이 말이지요. 그러고 보면 자연뿐만 아니라 인간의 마음과 정서, 사회 속에서도 똑같은 환경이란 말을 사용하지요.

세상을 둘러싼 고리

그럼 '환경'이란 낱말 속에 숨은 뜻이 무엇인지 자세히 알아볼까요?

국어사전을 보면 환경은 '생물에게 직접·간접적으로 영향을 주는 자연적 조건이나 사회적 상황'을 뜻합니다. 한자로는 둘레 환環과 경계 경境이 합쳐진 말이지요. 영어로는 'environment' 또는 'circumstance'라고 말하지요. environment는 자연, 도시, 기후 등 자연현상에 대한 총체적인 의미로, 환경을 뜻합니다. 반면 circumstance는 주위, 상황, 형편 등 사람과 관계돼 일어나는 사건, 일 등을 가리켜요.

결국 어떤 단어든 '둘레'라는 의미를 포함하고 있습니다. 독일어로 환경은 '움벨트Umwelt'인데 이 단어는 세상 또는 세계가 '벨트Welt'에 둘러싸여 있다는 의미이지요.

환경이란 낱말은 동서양 어디이든 고리環라는 의미를 가지고 있습니다. 즉, 우리가 사는 세상을 둘러싼 모든 것, 사람과 자연 우주까지 포함을 하나로 잇는 커다란 고리라는 말

수질 검사 중인
환경 과학자들

이지요.

　인간은 환경이라는 고리 안에서 태어나며 살고 죽습니다. 서로 울고 웃으며 뒤엉켜 살아가지요. 우리에게 환경은 생명처럼 중요합니다. 아니 그 자체로 생명입니다.

환경 분야를 연구하는 학문 등장

　최근에는 환경 과학 environmental science 이란 새로운 학문 분야가 생겼습니다. 1960년대로 들어서면서 발전이라는 이름 아래에 전 세계의 환경 문제가 심각해지자 환경에 대한 연구가 학문으로 자리잡게 된 것이지요.

환경 과학자들이 하는 주요한 일은 공해 문제를 되도록 방지하고, 해결하는 것입니다. 환경을 보존하고 개선하기 위한 연구이기도 하지요. 이 분야는 학문을 넘어 인류에게 가장 중요한 과제가 되었습니다.

환경 과학은 환경 공학과 환경 화학으로 나뉘어지지만, 두 분야 모두 환경이 더 이상 나빠지지 않게 연구하고, 그렇게 할 수 있는 구체적인 방법을 고민하지요.

인류의 미래를 좌우하는 '환경 문제'

요즘 텔레비전이나 신문에서 가장 많이 등장하는 소재 중 하나도 환경 문제입니다. 중국이 공장을 짓고 경제 발전에 박차를 가하면서 생긴 미세 먼지로 인해 이웃 나라인 우리나라 국민이 고통을 받고 있지요. 지구가 점차 더워지면서 북극의 얼음이 녹아 북극곰은 삶의 터전을 잃기도 하고, 아토피·인플루엔자 H1N1·신종플루 등 새로운 질병이 심각한 사회 문제가 되기도 하지요. 이처럼 환경 문제는 우리 생활에 큰 영향을 미치며, 인류의 미래를 좌지우지할 만큼 중요한 변수로 떠오를 것입니다.

지구의 불치병 '지구 온난화'

질문 하나 할게요. 오늘날 지구 환경이 위험할 정도로 망가지고 있는데 이것은 환경 오염 탓일까요? 아니면 지구 온난화가 탓일까요? 쉽게 말해서 어느 것이 더 먼저 발생된 것이냐는 질문이지요. 그렇다면 환경 오염과 지구 온난화에 대해 제대로 알아야겠지요?

자동차, 기차, 에어컨…… 오염 물질 만들어

환경 오염에서의 '오염'은 말 그대로 '더럽게 물들여진다'라는 뜻입니다. 인간의 활동에 의해 더럽혀지는 것이지요. 예를 들어 자동차, 기차를 타면 매연이 나오고, 더위와 추위를 견디기 위해 냉난방 장치를 켜면 이산화탄소, 메탄 등 오염 물질이 생깁니다. 이로 인해 대기와 수질, 토양이 오염되고, 나쁜 냄새가 나지요. 소음과 진동이 발생하는 등 공해도 생깁니다. 자연이 파괴되면서 우리의 삶도 점차 황폐해지고 있어요.

여기서 잠깐! '오염'과 '공해'는 어떻게 다를까요? 공해 pollution라는 단어는 주로 일본에서 사용하는 말입니다. 가급적 '공해'보다는 '환경 오염'이라는 말을 쓰는 것이 좋아요.

환경 오염이 본격적인 사회 문제로 떠오른 것은 산업혁명 이후부터입니다. 과학과 기술이 발전하면서 인간에게 필요한 물건을 만들기 위해 공장이 생기고, 도로와 철도가 만들어지지요. 이 과정에서 자연은 마구 파괴되고 환경 오염은 심각한 사회 문제로 등장했어요.

점점 뜨거워지는 지구

환경 오염이나 환경 파괴에 대해 말할 때마다 절대 빠지지 않는 용어가 있습니다. 바로 '지구 온난화 global warming'입니다. 온난이란 '따뜻해지는, 더워지는'이란 뜻을 가지고

있습니다. 지구 온난화는 지구가 온돌방이나 한증막^{높은 온도로 몸을 덥게 하여 땀을 내도록 만든 시설}처럼 점점 더워지고, 뜨거워진다는 말이지요.

누군가 질문하네요. "선생님, 지구는 왜 더워지나요? 북극이랑 남극에 얼음도 많고, 지구 면적의 70% 이상이 물인데, 지구 온도는 어떻게 올라가지요?"

산업의 발달로 석탄, 석유, 천연가스 등의 화석 연료를 배출할 때 나오는 이산화탄소가 지구를 감싸면서 거대한 막을 형성하지요. 지구 밖으로 가스가 배출되지 못하자 지구

지구 온난화로 갈라진 땅

는 뜨거워지고 남극과 북극의 빙하는 녹아서 바다로 흘러 들어갑니다. 바닷물이 높아지면서 일부 섬은 가라앉고, 물의 온도 변화로 바다 속 생물들은 혼란을 겪지요.

지구는 건강해질 수 있을까?

지구는 사람의 몸과 비슷합니다. 사람은 갑자기 한순간에 무시무시한 불치병에 걸리지 않습니다. 몸의 여기저기에서 이상 증세가 조금씩 나타나지요. 감기에 자주 걸리거나 피곤함을 느끼지요. 대부분 며칠 푹 쉬면서 약을 먹고 주사를 맞으면 금방 회복할 수 있습니다. 그러나 몸을 자꾸 혹사시키면 병균을 이겨 내는 힘이 떨어져 회복이 느려지지요.

지구도 마찬가지입니다. 인간이 문명의 발달을 위해 자원을 이용하게 되면 지구도 사람처럼 몸자연환경이 망가지게 됩니다! 처음에는 스스로 회복할 수 있는 능력을 발휘합니다. 숲을 통해 공기를 맑게 하고, 물이 이동하면서 오염된 물을 정화시켜 나가지요. 하지만 인간이 마구잡이로 자연을 파괴하면서 지구는 자생 능력 마저 잃어가고 있습니다. 마치 불치병을 앓고 있는 사람처럼 '지구 온난화'라는 병에 걸렸지요. 놀란 인간들은 약을 먹이고, 수술을 하려고 합니다! 지구는 과연 건강을 회복할 수 있을까요?

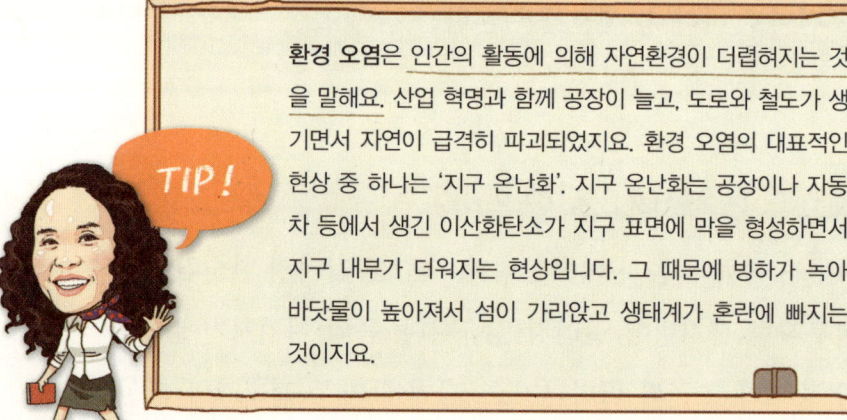

환경 오염은 인간의 활동에 의해 자연환경이 더렵혀지는 것을 말해요. 산업 혁명과 함께 공장이 늘고, 도로와 철도가 생기면서 자연이 급격히 파괴되었지요. 환경 오염의 대표적인 현상 중 하나는 '지구 온난화'. 지구 온난화는 공장이나 자동차 등에서 생긴 이산화탄소가 지구 표면에 막을 형성하면서 지구 내부가 더워지는 현상입니다. 그 때문에 빙하가 녹아 바닷물이 높아져서 섬이 가라앉고 생태계가 혼란에 빠지는 것이지요.

자동차 매연에 열나는 지구

지구를 사람의 몸과 비교해 본다면 '환경 오염'은 사람이 자기 몸에 좋지 않은 것을 먹거나 몸을 혹사시키는 행동과 비슷하다고 볼 수 있고, 그렇게 해서 얻은 병을 '지구 온난화'라고 볼 수 있지요.

온도가 지나치게 올라가서 생긴 지구의 병인 지구 온난화. 결국 지구 온도에 변화가 생긴 것이 가장 큰 문제라는 것인데, 그렇다면 지구 온도는 어떤 기준으로 측정하며, 지구의 환경을 지킬 수 있는 평균 온도는 어떻게 유지해야 할까요?

지구 온난화의 주범 '화석 연료'

지구의 온도는 지구의 기후라고 말할 수 있습니다. 지구의 기후는 대기, 해양, 생물이 사는 육상 및 해상, 저온층, 지표 등 다섯 가지로 이루어집니다. 이 다섯 가지 요소들이 서로 만나고 영향을 주면서 지구 표면의 기후를 결정합니다. 이것이 바로 지구의 온도가 됩니다.

산업 혁명 이전에 지구의 기후는 안정적이고 평화로웠습니다. 그런데 숨 막힐 정도로 인간 활동이 많아지고 산업이 발달하면서 아무도 모르게 지구는 점점 병들어 갔습니다. 특히 화석 연료를 급격하게 많이 사용하면서 지구는 병이 깊어졌습니다.

산업화로 병들어 가는 지구

지구 온난화의 주범인 화석 연료는 무엇일까요? 석탄, 석유, 천연가스 같은 지하에 묻혀 있는 자원을 가리키지요.

화석 연료는 땅 깊이 파묻힌 죽은 동식물이 오랜 세월에 걸쳐 화석으로 만들어진 것이며, 이것을 이용해 얻어진 에너지를 화석 에너지라고 하지요. 현재 지구의 모든 에너지는 거의 대부분이 화석 연료를 이용한 겁니다.

인간은 19세기 이후부터 석탄을 주 에너지로 사용했지요. 20세기 초가 지나면서 고체 연료인 석탄보다 훨씬 사용이 편리하고, 사용한 뒤에는 폐기물 처리가 쉬운 천연가스가 석탄 대신 이용됐지요.

1~3도 계속 올라가는 지구

여러분도 집에서 마음대로 가스 불에 라면을 끓여 먹지요. 아빠의 자동차는 기름만 넣으면 마음대로 붕붕 달리지요. 우리뿐 아니라 전 세계 사람들이 유체 연료석유, 석탄, 천연가스를 활용해 얻은 유체 에너지로 날마다 편리하게 살고 있습니다. 단 하루라도 유체 에너지를 사용하지 않는다면 지구는 암흑 세상이 되고, 모든 움직이는 것들이 멈춰 서고, 먹을 수도 없어 큰 혼란이 일어날 것입니다.

이렇게 화석 에너지를 많이 사용하다보니 지구의 기후 시스템이 흔들리기 시작했습니다. 지구 밖으로 나가야 하는 복사열이 줄어들면서 지구가 더워지는 온난화 현상이 나타난 것입니다. 그럼 지구 온도는 몇 도일 때 가장 안정적이며 몇 도가 되면 위험 상태가 되는 걸까요?

지구 온도가 올라가는 것을 이번에도 사람의 몸과 비교

지구 온난화로 인한 환경 변화

해 봅니다. 사람이 건강할 때에는 보통 36~37도를 유지한다고 합니다. 그러나 몸이 아파서 열이 1도라도 올라가면 사람은 힘들어하지요. 2도, 3도 올라가서 40도가 되면 정신을 잃기도 하고, 때로는 병보다는 높이 오른 열 때문에 죽기도 하지요. 지구도 사람의 몸과 비슷합니다. 아니, 더 예민하지요. 지구의 안쪽은 섭씨 2000, 3000도라는 무시무시한 온도이지만 그것과 관계없이 땅 위의 온도가 0.01도만 더 올라가도 지구는 병이 나거든요.

학자들은 이런 연구 결과도 발표했습니다. '만약 지구의 온도가 1도 올라 높은 산맥에 있는 빙하가 사라지면서 이 물에 의존하던 주민들이 위험에 처해질 지도 모른다. 만약 2도가 오르면 열대 지역 농작물 생산이 급격하게 줄어들어서 많은 사람이 굶주린다. 그린란드와 남극 빙하가 녹아 해안

주민이 큰 홍수를 당하며 북극곰 등 생물 15~40%가 멸종할 것이다. 만약 3도가 오르면 말라붙은 아마존 열대 우림이 산불로 완전 사라지고, 생물들이 20~50% 멸종될 것이다.'

만약 4도, 5도, 6도가 오르면 지구는 어떻게 될까요?

> **지구 온난화**는 산업의 발달로 석유를 갑자기 많이 사용하게 되면서 심해졌어요. 화석 연료는 석탄, 석유, 천연가스와 같이 지하에 묻혀 있는 자원을 가리켜요. 화석 연료는 땅 깊이 파묻힌 죽은 동식물이 오랜 세월에 걸쳐 화석으로 만들어진 것이며, 여기서 얻어진 에너지를 '화석 에너지'라고 합니다. 화석 에너지를 많이 쓰면 열이 지구 밖으로 나가지 못해 지구의 온도가 올라가게 됩니다.

TIP!

열나고 기침하는 지구
치료법은?

학자들은 지구의 온도가 4도가 오르면 남극 빙하가 다 녹고, 투발루 섬이 완전히 사라지며, 우리나라도 8분의 1 정도가 잠긴다고 예상합니다. 그 시기는 2070년 즈음으로 추정됩니다.

그렇다면 지구 온도가 5도 오르면 어떻게 될까요? 히말라야의 대형 빙하가 사라져서 중국과 인도 등 주변 국가 사람들이 심각한 물 부족으로 목숨을 잃을 것이라고 합니다. 온도가 오르면 열대 식물을 제외한 나머지 식물들이 자라나기가 어렵겠지요. 식물이 사라지게 되면 이를 먹이로 삼는 초식 동물들이 생존하기 힘들고, 육식 동물과 잡식 동물

폭우(왼쪽), 해일 같은 이상 기후에 아파하는 지구

도 멸종 위기에 내몰리게 됩니다.

학자들은 2100년 즈음에는 지구 온도가 6도 올라갈 수 있다고 무서운 예측을 합니다. 2100년이 아주 먼 미래일까요? 지금 태어난 아기들이 100세도 되기 전에 다가오는 아주 가까운 미래이지요.

물 한 잔 때문에 싸움 난다

그렇게 가까운 날에 지구의 온도가 6도 오른다면 전문가들은 지구 내 모든 생물의 95%가 멸종할 것이라고 전망합니다. 지구의 생태계가 파괴되는 것이지요. 그 과정 속에서 지구는 쉼 없이 몸부림칠 것입니다. 마치 몸이 심하게 아픈 사람이 살려달라고 울부짖으며 몸부림치는 것과 같지요. 지구는 이상 기후로 인해 해일쓰나미,홍수, 폭우, 사막화, 태풍과 같은 이상 기후 등으로 자기 몸이 얼마나 아픈지 호소할 것입니다.

  이런 자연의 몸부림으로 가장 큰 피해를 입는 것은 지금의 우리보다 우리의 자손들이겠지요. 하지만 머나먼 자손 세대가 겪게 될 일이 아니랍니다. 여러분이 어른이 되어 결혼해서 자식을 낳았는데 그 아이들이 부모 정도 나이가 되었을 때에 세상의 모든 동식물이 거의 다 사라지고, 그림책에서나 보던 2억 5000년만 년 전 시대로 돌아간다고 상상해 보아요. 아마 잘 먹거나 마시거나 입지도 못하고, 교육을 받을 생각도 못하겠지요. 질병으로 날마다 사람이 죽어가는 무서운 세상이 될 겁니다. 물 한 잔 마시기 위해 전쟁이 날 수도 있고, 밥 한 공기, 빵 한 덩어리를 얻기 위해 사람의 목숨을 가볍게 여길 수도 있을 겁니다. 학자들이 지구를 점점 죽이고 있는 지구 온난화에 대해 모든 것을 연구하기 시작한 이유입니다.

지구 온난화를 막기 위한 자연 에너지

세계 많은 국가들은 네 편, 내 편 가리지 않고 지구 온난화의 진행을 막기 위해 애쓰고 있습니다.

먼저, 지구 온난화의 가장 큰 주범인 화석 연료를 멀리하고 새로운 에너지를 개발하는 데 온 힘을 기울이고 있습니다. 가장 먼저 찾아낸 것은 원자력이지요. 원자력은 안정적으로 많은 에너지를 공급받을 수 있지만 그 능력이 큰 만큼 위험도 크지요. 석탄이나 석유로 인한 사고하고는 비교도 안 되는 위험을 안고 있습니다.

이에 사람들은 원자력 에너지 사용을 점점 줄이면서 새로운 에너지를 찾았습니다. 이번에는 태양열, 지열 햇볕을 받아 땅 표면에서 나는 열, 풍력, 조력 조수 간만의 차이로 일어나는 힘 등의 자연 에너지이지요. 원자력에 비하면 아주 깨끗하고, 위험도 훨씬 적습니다. 그러나 설치 비용이 많이 들고, 에

(위에서부터)
조력 발전소, 풍력 발전소, 태양열 발전소

너지를 만드는 데에 시간이 오래 걸리며, 장소나 기후에 따라 영향을 받는다는 단점이 있습니다. 하지만 현재로서는 가장 안전하면서도 환경을 위한 에너지라고 판단해서 이러한 자연 에너지를 생산하려고 많은 노력을 하고 있습니다.

지구 온도가 올라가면 자연 생태계가 파괴됩니다. 열대 식물을 제외한 다른 식물들은 자라나기 힘들며, 이를 먹이로 삼는 초식 동물은 먹을 것이 없어 생존할 수가 없게 되지요. 초식 동물의 멸종은 육식, 잡식 동물의 위기로 이어집니다. 인간 역시 무사할 수 없지요. 이에 지구 온난화를 막기 위해 자연 에너지를 만들어 내기 위한 다양한 노력들이 이어지고 있습니다. 태양열, 지열, 풍력, 조력이 대표적인 자연 에너지랍니다.

병든 지구 지키기 대작전

　대체 에너지를 사용하면 지구 온난화를 막을 수 있을까요? 사람들은 힘을 모아 이 문제를 논의하기 시작했어요. 이탈리아를 중심으로 결성된 국제적인 연구 단체인 로마클럽은 1968년 '세계의 인구 구조와 생태계 변화에 관한 보고서'를 발표했지요. 이 보고서는 온실가스를 지구 온난화의 원인이라고 꼬집었으며, 지구를 보호하지 않는다면 지속 가능한 경제 성장은 불가능하다는 내용을 담았어요.

2012년 10월 1일부터 2일까지 루마니아에서 열린 로마클럽 회의에 모인 각국 대표들

이산화탄소
석유, 석탄과 같은 화석 연료의 연소에 의해 배출

메탄
폐기물, 음식물 쓰레기, 가축의 배설물, 초식 동물의 트림 등에 의해서 발생

육불화황
냉매, 반도체 공정, 변압기 등에서 주로 발생

온실가스가 6개나!

온실가스는 온실 효과와 관계가 있습니다. 태양에서 지구로 오는 빛 에너지 중에서 약 34%는 구름이나 먼지 등에 의해 반사되고, 지표면에는 44% 정도만 도달하지요. 지구는 지표면에 도달한 태양 에너지 중 일부를 적외선 형태로 방출하는데, 이 과정에서 온실가스가 적외선의 일부를 밖으로 나가지 못하게 합니다. 그러면서 지구의 온도가 올라가지요.

지구 온난화의 주범은 6개 온실가스입니다. 이산화탄소, 메탄, 아산화질소, 수소화불화탄소, 과불화탄소, 육불화황이 있습니다. 이름이 하나같이 무시무시하지요. 그런데 이 중 이산화탄소가 지구 온난화의 가장 큰 원인이지요. 왜냐하면

적외선이 지구 밖으로 나가는 것을 방해하기 때문입니다.

2050년엔 지구가 멸망?

세계 각국은 한 나라만의 힘으로 지국 온난화 문제를 해결할 수 없음을 알고 1992년 브라질의 리우 회의에서 '기후변화협약_{기후 변화에 관한 국제 연합 기본 협약}을 채택했습니다. 그러나 몇몇 나라들이 약속을 지키지 않자, 강제력을 담은 '교토의정서'를 1997년 일본 교토에서 발표했습니다. 약속을 어기고 마구 온실가스를 배출하는 나라를 국제적으로 벌을 주겠다는 것이지요.

지구 온난화의 주범인 이산화탄소 배출을 줄일 수 있는 방법도 속속 등장했습니다. 국제에너지기구는 이산화탄소가 배출되지 않도록 자연의 힘을 이용하는 수력, 조력, 풍력, 지열 에너지를 이용하거나 물 분해를 활용한 수소 에너지를 이용하도록 권유합니다 하지만 이러한 방법들은 우리가 앞서 공부한 것처럼 많은 어려움이 있습니다. 원자력 에너지는 이산화탄소를 배출하지 않지만, 방사선 노출의 위험이 늘 따르므로 심사숙고해야 하지요.

이와 더불어 에너지를 아끼고 절약하는 기술도 개발합

국제연합환경계획

세계기상기구

국제에너지기구

니다. 에너지를 적게 쓰면서도 이산화탄소 발생량을 대폭 줄이는 상품을 만드는 것이지요. 국제에너지기구는 만약 이런 노력들을 게을리한다면 2050년 즈음에는 이산화탄소 배출량이 넘쳐나서 인류가 지구와 함께 멸망할지 모른다고 주장합니다. 그래서인지 미래를 바탕으로 하는 판타지 영화나 미래 소설의 배경이 2050년인 경우가 있지요.

미래를 바꾸는 힘 '사랑'

너무 우울한 이야기만 한 것 같군요. 하지만 지나치게 우울해 할 필요는 없어요. 인간은 미래를 개척하고 바꿀 수 있는 풍부한 가능성을 가진 존재이기 때문이지요. 예전이나 지금이나 지구와 사람의 생명을 위해 일생을 바치는 아름

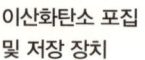
이산화탄소 포집 및 저장 장치

다운 사람들 때문에 우리는 절망하지 않아도 됩니다.

'환경 운동 및 생태학의 어머니'라고 불리는 미국의 해양 생물학자 레이첼 카슨, '국립 공원의 아버지'라고 칭송받는 영국의 환경 운동가 존 뮤어, "간소하게, 간소하게 살자."라고 강조한 미국의 사상가 겸 문학가인 헨리 데이비드 소로가 대표적인 인물이지요. 여러분 중에도 훗날 이렇게 아름다운 사람이 나오리라 믿습니다.

환경 운동은 사실 거창한 게 아닙니다. 우리 마음과 생활을 이렇게 겸손하고 소박하게 이루어 나가는 것이 모든 환경 보호의 시작이랍니다.

어린이 인문학 여행 2

초판1쇄 펴낸 날 | 2014년 7월 21일
초판6쇄 펴낸 날 | 2020년 12월 25일
지은이 | 노경실

펴낸이 | 이영남
펴낸곳 | 생각하는책상
등록 | 2013년 5월 16일 제2013-000150호
주소 | 서울시 마포구 월드컵북로402 KGIT빌딩 925D호
전화 | 02-338-4935(편집), 070-4253-4935(영업)
팩스 | 02-3153-1300
메일 | thinkingdesk@naver.com
편집 | 정내현
디자인 | 파피루스

ⓒ 노경실, 2014
ISBN 978-89-97943-10-4 74100
     978-89-97943-08-1 (세트)

* 이 도서의 국립중앙도서관 출판예정도서목록(CIP)은 서지정보유통지원시스템 홈페이지(http://seoji.nl.go.kr)와 국가자료공동목록시스템(http://www.nl.go.kr/kolisnet)에서 이용하실 수 있습니다. (CIP제어번호: 2014020658)

* 이 책은 저작권법에 따라 보호받는 저작물이므로, 저자와 출판사 양측의 허락 없이는 다른 곳에 옮겨 싣거나 베껴 쓸 수 없으며 전산장치에 저장할 수 없습니다.

* 이 책에 쓴 사진은 해당 사진을 보유하고 있는 단체와 저작권자의 허락을 받아 게재한 것입니다.

* 저작권자를 찾지 못하여 게재 허락을 받지 못한 사진은 저작권자를 확인하는 대로 게재 허락을 받고 통상 기준에 따라 사용료를 지불하겠습니다.

교과연계표

CHAPTER 01 마음을 연구하는 학문, 심리학

학년	과목	주제
5~6학년	보건	내 마음 알아보기, 나와 다른 너, 마음의 병 치료하기, 마음의 문 열기

CHAPTER 02 소리가 들리는 인문학, 음악

학년	과목	주제
3~6학년	음악	음악과 생활, 음악의 이해, 음악의 여러 모습, 다양한 형태의 음악, 함께 즐기는 음악

CHAPTER 03 글로써 세상을 변화시킨다, 문학

학년	과목	주제
2학년 1학기	국어	1. 재미있구나 〉 느낌을 살려 시를 읽는 방법에 대하여 알아보기
2학년 2학기	국어	7. 재미있는 말 〉 재미있는 말의 느낌을 살려 시를 읽고, 재미있는 말을 넣어 바꾸기
3학년 1학기	국어	1. 감동을 나누어요 〉 시를 암송하기
4학년 1학기	국어	5. 서로 다른 느낌 〉 시를 읽고 자신의 생각이나 느낌을 나누기
5학년 1학기	국어(읽기)	1. 문학의 즐거움 〉 시에서 인상적인 부분에 대하여 알기
5학년 2학기	국어(읽기)	1. 상상의 표현 〉 시에서 인상적인 부분의 효과 알기
6학년 1학기	국어(읽기)	1. 상상의 세계 〉 시의 특성을 생각하며 작품 읽기
6학년 2학기	국어(읽기)	1. 문학과 삶 〉 시를 읽고 인물 사이의 갈등이 무엇인지 알기
6학년 2학기	국어(읽기)	7. 즐거운 문학 〉 좋아하는 문학 작품이 서로 다른 까닭 말하기

CHAPTER 04 온 세상을 잇는 거대한 고리, 환경

학년	과목	주제
2학년 여름	통합 교과	1. 곤충과 식물 〉 함께 사는 녹색 마을
6학년 1학기	사회	3-2 환경 문제의 해결을 위한 노력 〉 지구 온난화 등 기후 변화의 원인 살펴보기
6학년 1학기	국어(읽기)	4. 나누는 즐거움 〉 지구 온난화 해결을 위한 국제적인 노력 알아보기
6학년 1학기	과학	4. 생태계와 환경 〉 환경을 깨끗하게 하기 위해서는 어떻게 해야 할까요?
6학년 2학기	과학	3. 에너지와 도구 〉 에너지를 절약하는 방법 알아보기

3권에서 만나요!